KB159403

지방도시
살생부

지금+여기 ⑥

지방도시 살생부

2017년 10월 16일 초판 1쇄
2024년 2월 23일 초판 8쇄

지 은 이 | 마강래
일러스트 | 정정선

책임편집 | 김희중
제　　작 | 영신사

펴 낸 이 | 장의덕
펴 낸 곳 | 도서출판 개마고원
등　　록 | 1989년 9월 4일 제2-877호
주　　소 | 강원도 원주시 로아노크로 15, 105동 604호
전　　화 | (033) 747-1012
팩　　스 | (0303) 3445-1044
이 메 일 | webmaster@kaema.co.kr

ISBN 978-89-5769-423-7 (03330)
ⓒ 마강래, 2017. Printed in Goyang, Korea

• 책값은 뒤표지에 표기되어 있습니다.
• 파본은 구입하신 서점에서 교환해 드립니다.

지금+여기 6

지방도시 살생부

마강래 지음

'압축도시'만이 살길이다

개마고원

머리말

지방 중소도시들이 빠르게 쇠퇴하고 있다. 사람도 줄고 일자리도 사라진다. 빈 건물과 집들이 늘어난다. 도시 전문가들의 분석에 의하면 우리나라 약 230여 개의 시·군·구 중에서 반 이상이 이미 쇠퇴했거나 쇠퇴하고 있고, 나머지 20%도 쇠퇴 징후를 보인다고 한다.[1] 이러한 추세를 반영하듯 지난 10년간 도시학 및 지역학에서 가장 '핫'한 주제를 꼽아보라면 단연 '도시재생'이다. 요즘 어디를 가나 '재생' 얘기가 빠지지 않는다. 전문가 포럼에는 도시재생이 단골 메뉴다. 학자들이 논문을 발표하고 토론하는 학술대회에도 도시재생은 한두 세션 이상을 차지한다. 이제는 대통령까지 직접 도시재생을 위해 재임기간 동안 50조 원을 투자하겠다고 나섰다.

주변에는 도시 쇠퇴가 심각해지고 재생에 대한 논의가 온 나라를 뒤덮을 것임을 이미 예측했다는 학자도 자주 눈에 띈다. 어떤 사건이 일어나면, 전문가들이 벌떼처럼 달려들면서 "이 모든 사건이 예측 가능했던 일"이라고 말한다. 성수대교가 붕괴될 때도, 삼풍백화점이 무너질 때도, 비행기가 추락할 때도 모두 예측할 수 있었는데 막지 못한 인재人災라며 통탄했었다. 1997년 IMF 구제금융도, 2008년 글로벌 금융위기도 모두 예견되어 있었던 것이라 말했다.

이런 사건들이 정말 예견된 일이었는지 식별할 안목이 필자에겐 없다. 하지만 도시계획가로서 한 가지 분명히 말할 수 있는 게 있다. 한국 지방 중소도시의 쇠퇴는 예측의 영역이 아니라는 점이다. 쇠퇴는 이미 현실이고, 그것도 심각한 수준으로 진행돼 있다. 그리고 향후 20년간 지방도시들은 지난 10년간 그랬던 것보다도 더욱 심하게 쇠퇴할 것이다.

혹자는 이렇게 이야기하기도 한다. 인구가 줄어들고 도시가 쇠퇴하는 게 뭐 그리 큰 문제인가? 인구가 줄어드는 대로 남아 있는 사람들끼리 오순도순 살면 되지 않겠는가? 맞는 말일 수 있다. 모든 도시에서 인구가 증가할 수 없다. 인구가 정체된 시대엔 더더욱 그러하다. 하지만 지방이 쪼그라드는 게 뭐 그리 대단한 문제냐고 생각하는 사람들은 하나만 알지 둘은 모른다. 지방의 위기는 지방만의 문제에 국한되지 않는다는 사실 말이다. 지방의 소멸은 '정든 마을이 사라지고 있다!' '지방 사람들의 박탈감이 심하다!'는 안타까움 이상의 의미를 지닌다. 그것은 국가의 생존 문제와 맞물려 있다. 인구가 빠져나가 쇠퇴한 도시에서는 재정투자의 비효율이 급속도로 높아질 것이기 때문이다. 그리고 이는 우리 국민 모두가 짊어져야 할 부담을 가중시킬 것이다. 중앙정부의 지원 없이 독자적으로 생존할 수 없는 지방 중소도시들은 정부예산을 빨아들이는 블랙홀이 되고, 조만간 이 문제로 인해 온 나라가 골머리를 썩일 것이다.

그래서 필자는 중소도시들을 직접 두 눈으로 살피면서 '중소도시의 미래'에 대한 불길한 전망을 확인하고 정리해야겠다고 마음

먹었다. 그렇게 현장에서 수행한 답사와 연구실에서 진행한 연구의 결과를 이 책에 담았다.

　먼저, 본문에서 다음과 같은 예측부터 밝힐 것이다. 2040년, 그러니까 지금으로부터 20년 조금 더 지나면 우리나라 지자체의 30% 정도는 제 기능을 상실할 가능성이 높다. '제 기능이 상실된다'는 표현이 약간 모호할 수 있겠다. 이 표현을 '파산'과 같은 뜻으로 받아들여도 좋다. 하지만 알거지가 되어 거리에 나앉는 모습을 떠올릴 필요는 없다. 도시파산제도가 없는 우리나라에선 이런 무시무시한 일이 발생할 가능성이 없다. 중앙정부가 망해가는 도시를 방관하진 않기 때문이다. 국민을 보호할 의무가 있는 정부가 어찌 통째로 도시를 버릴 수 있겠는가. 그럼 걱정 안 해도 될까? 절대로 안 된다! 파산 상태에 가까운 30%의 도시들로 인해 온 나라가 휘청거릴 것이기 때문이다. 이제부터라도 소매를 걷어붙이고 무언가를 하지 않으면 이런 위기가 생각보다 빨리 닥쳐올 수 있다.

　다음으로는, 지방의 쇠퇴를 부추기는 이 시대의 메가트렌드와 쇠퇴를 막기 위한 지방 중소도시들의 노력을 살펴볼 것이다. 여기서는 생존을 위한 지방 중소도시들의 필사적 노력을 "헛되고 헛되며 헛되고 헛되니 모든 것이 헛되도다"(전도서 1장 2절)라는 성경 구절에 빗댈 수밖에 없었다. 저성장으로 대변되는 뉴노멀new normal 시대의 쇠퇴 기조가 거역할 수 없는 흐름으로 자리 잡으면서, 여기서 벗어나려는 지방 중소도시의 시도는 모두 실패하고 있다. 대부분의 지방 중소도시는 지속적으로 꺾여나갈 것이고, 조만간 우리

모두는 이들 도시에 투입되는 천문학적 액수의 예산에 기겁할 것이다.

마지막으로, 불가피한 지방의 쇠퇴와 몰락에 맞닥뜨려 우리가 어떻게 대응해야 할지 그 방안을 제시할 것이다. 모든 곳을 살릴 수는 없다는 것, 그리고 지방 중소도시는 양적 발전의 환상에서 벗어나 질적 체질 개선을 해야 한다는 것이 핵심이다. 또한 국토균형발전의 진정한 의미가 무엇인지에 대해서도 생각해볼 것이다.

그동안 이 책의 내용을 주변 동료들에게 얘기하곤 했다. 그럼 어김없이 돌아오는 말이 있다. "지방도시 살생부 아니야?" "부담스럽지 않아?" "이런 책을 내도 되겠어?" 솔직히 마음 한 구석 불편함이 남아 있다. 하지만 한 가지 분명히 밝히고 싶다. 우리는 지금 '최선의 선택'을 할 수 있는 상황이 아니라는 점이다. 우리가 맞닥뜨릴 지방도시의 미래는 "이보다 더 안 좋을 수는 없다!" 그러니 지금부터라도 '차악의 선택'을 고민해야 한다.

도시 쇠퇴와 재생정책을 알고자 하는 독자들에게 유익하도록 책의 많은 부분에 객관적 통계와 전문가들의 연구 결과를 인용했다. 일부는 공신력 있는 통계자료를 이용해 직접 분석한 것도 있다. 하지만 책 속에는 필자의 직관에 기반한 내용들도 꽤 들어 있다. 틀릴 수도 있다는 얘기다. 하지만 이를 너무 가려 쓰거나 포장하지 않기로 했다. 체계화되지 않은 느낌과 직관도 독자들에게 유익한 통찰을 줄 수 있겠다는 생각에서다. 책의 내용에 공감하지 못하는 부분이 있다면, 많은 조언과 질책을 부탁한다.

이 책이 나오기까지 도움을 준 분들께 감사의 인사도 전하고 싶다. 답사를 함께하면서 동고동락했던 연구실 학생들과의 토론 과정이 이 책의 집필에 너무나 큰 도움을 주었다. 장대비가 쏟아져 내리던 목포의 한적한 거리에서, 휴대폰 폭발을 염려할 정도였던 김제의 더위 속에서 우리의 발걸음은 너무도 진지했다. 또한 강창덕 교수님은 연구년을 1주 앞두고 짐을 꾸려야 하는 상황에서도 이 책의 초고를 꼼꼼하게 읽고 서평까지 작성해주었다. 강 교수님의 주옥 같은 조언에 큰 감사를 드린다. 이외에도 너무나 많은 분들께 도움을 받았다. 답사에서 만난 지역주민들, 상인들, 도시재생센터 직원들은 우리가 상상도 하지 못한 현장의 이야기들을 들려주었다. 이 분들과의 진솔한 대화는 책상물림의 몽매함을 반성하는 계기가 되었다. 이렇게 지면으로나마 감사를 드린다.

2017년 가을

마강래 올림

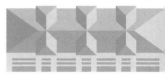

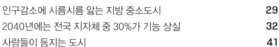

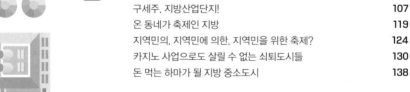

차례

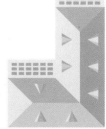

골고루 나눠 갖지 말자!

20년 후 30%의 지자체가 파산한다

필자는 책상물림이다. 현장을 잘 모르고 대부분 책상에서 세상에 대해 알게 된다. '지방 쇠퇴로 인한 국가적 위기'라는 불길한 기운도 논문 속 숫자나 다른 이들의 발표문을 통해 조금씩 스며든 것이었다. 그러는 가운데 쇠퇴한 지방 중소도시의 현실을 직접 경험해 보고 싶은 마음이 간절해졌다. 그때쯤 신문 한쪽 구석의 어떤 기사가 눈에 확 들어왔다. 서울시 택시물류과장이 직접 택시기사로 활동한다는 얘기다. 그가 직접 운전대를 잡은 건 탁상이 아닌 현장 중심의 행정을 펼쳐 택시 민원을 줄이기 위해서라 했다. 이 유별난 공무원의 현장체험은 지금도 계속되고 있는 듯하다. 얼마 전 만취한 승객을 태웠다가 두들겨 맞는 봉변을 당했다는 뉴스를 또 봤다.

필자도 책상을 떠나 지방 쇠퇴의 현장을 느껴봐야겠다는 생각이 들었다. 지금까지 이곳저곳에서 주워들은 쇠퇴에 관한 논의들을 두 눈으로 확인하고 싶었다. 연구실 학생들과 답사팀을 꾸렸다. 주말을 이용해 배낭을 메고 이곳저곳을 방문했다. 20년 뒤에는 우리가 답사하고 있는 도시들을 다시 보지 못할 수 있다는 농반진반의 얘기를 주고받기도 했다. 그래서인지 한 걸음 한 걸음에 비장감도 묻어났다.

쇠퇴지역을 거닐면 온몸으로 느껴지는 뚜렷한 기운이 있다. 바로 우리 사회를 휘감고 있는 저출산·고령화·저성장이라는 메가트렌드다. 이 식상한 세 단어, 귀가 아프게 들어 이젠 아무런 감흥조차 없을 수도 있겠다. 하지만 쇠퇴하고 있는 지방 중소도시를 직접 걸어보면 이 메가트렌드를 몸소 느끼고 체험할 수 있다. 저출산과 고령화, 그리고 저성장의 흐름은 지방 중소도시에 가장 먼저 직격탄을 날렸다. 유독 중소도시를 어렵게 하는 또 하나의 메가트렌드는 4차 산업혁명이다. 지방 중소도시에서는 단순제조업 비율이 상대적으로 높은데, 인공지능과 로봇이 이런 일자리를 빠르게 대체할 것이기 때문이다. 창조적인 직종의 일자리가 풍부하다면 사라지는 일자리는 다른 직종으로 전환될 수도 있다. 하지만 중소도시는 이런 고급 일자리도 부족하다. 향후 20년간 지방 중소도시의 일자리는 빠른 속도로 사라질 것이다. 그리고 이는 지방의 인구유출과 쇠퇴를 더욱 가속화할 것이다.

그리 되면 우리의 국토공간이 어떠한 방향으로 재편될지 쉽게 예상할 수 있다. 지방 중소도시의 인구가 상대적으로 일자리 기회가 풍부한 수도권과 주변 대도시로 향하는 '대도시권 집중화 현상'

이 강화될 것이다. 주변에서 이런 얘기를 자주 듣는다. 지금처럼 경제가 어려울 때 그리고 성장이 정체된 때에 '선택과 집중'을 더 확실히 해야 한다고. 여러 기회들이 집중된 대도시가 더욱 커지는 건 공간 이용이 더 효율적으로 되는 것이라고 말이다. 물론 인구의 집중은 '집적集積의 경제'를 발생시켜 도시의 생산성을 높이는 데 기여한다. 하지만 이에 대한 반론도 만만치 않다. 과밀해진 대도시에서는 교통체증, 환경오염, 주택가격 상승 등 '집적의 불경제' 또한 발생하기 때문이다.

그럼 우리나라에서 인구가 가장 빽빽한 서울은 집적의 경제가 더 크게 나타날까, 아니면 그 반대일까? 실제로 이 질문을 학생들에게 수도 없이 받았다. 학계에서도 갑론을박할 정도로 어려운 질문이긴 하지만, 필자는 학생들에게 다음과 같이 얘기하곤 했다. "이에 대해 일치된 결론은 없습니다. 하지만 제 생각엔 아직까지는 대도시에서 '집적 경제'가 '집적 불경제'보다 크게 나타나고 있습니다. 인구가 더 모인다면 대도시에서의 편익은 더욱 늘어날 것입니다." 그러곤 덧붙인다. "하지만 이는 '대도시의 관점'에서 그렇다는 얘기입니다. 우리가 집적의 이익에 관해 이야기할 때에는, 대도시와 중소도시를 함께 묶어 살펴보아야 합니다. 한쪽에서 인구가 증가하면, 다른 쪽은 인구를 잃게 됩니다. 인구가 거의 증가하지 않는 지금과 같은 시기엔 이런 '시소효과seesaw effect'가 극명하게 나타납니다. 그러니 한쪽이 집적의 경제를 얻는다면, 다른 쪽은 집적의 경제를 잃게 됩니다. 게다가 인구를 잃는 측은 재활성화를 위한 치유의 비용도 감당해야 하고요."

앞으로 우리는 쇠락해가는 지방 중소도시의 활성화를 위해 쏟아부어지는 엄청난 비용과 노력을 목도할 것이다. 그리고 깨달을 것이다. 대도시 쏠림현상으로 인해 얻는 이익보다, 지방의 공동화空洞化를 치유하는 데 드는 비용이 훨씬 크다는 것을 말이다.

공간적 마태효과, 그 끝은 국가적 위기

수도권엔 100대 기업 본사 95%, 전국 20대 대학의 80%, 의료기관 51%, 정부투자기관 89%, 예금 70%가 몰려 있다. 사람들은 이를 보고 수도권이 너무 많이 가졌다고 생각한다. 물론 '퍼센트'는 상대적 몫일 뿐 절대적인 많고 적음을 알려주진 않는다. 수도권 거주민의 상당수가 기업도 모자라고 의료기관도 부족하다고 느낀다. 그럼에도 불구하고 이 수치가 보여주는 분명한 사실이 있다. 수도권은 지방에 비해 더 많이 가졌고, 지방은 수도권이 더 가진 만큼 덜 가졌다는 사실이다. 균형발전을 주장하는 사람들은 기회의 격차 또한 계속 커져왔음에 주목한다. 돈을 벌 기회, 학원에 갈 기회, 치료받을 기회, 콘서트를 볼 기회, 더 많은 사람을 만날 기회……. 수도권은 부익부 효과를 통해 지방과의 격차를 벌여나갔다. "무릇 있는 자는 받아 풍족하게 되고 없는 자는 그 있는 것까지 빼앗기리라"(마태복음 25장 29절)라는 이 유명한 구절에서 '가진 자'를 '가진 곳'으로, '없는 자'를 '없는 곳'으로 바꾸면 우리나라의 '수도권 VS 지방' 상황이 된다. 필자는 이를 '공간적 마태효과'라 부르려 한다.

공간적 마태효과는 지역격차의 지속적 확대 현상이다. 물론 이

격차의 끝은 지방의 파멸이다. 균형발전을 주장하는 사람들은 한림대 성경륭 교수가 주장하는 '파멸적 집적 현상'을 우려한다. 파멸적 집적은 경제지리학 분야에서 사용되는 용어로, 인구가 많은 특정지역이 지속적으로 다른 지역의 인구와 기업을 빨아들이는 효과를 의미한다. 그리고 이러한 집적은 인구와 기업이 유출되는 지역을 파멸로 몰아넣는다고 한다.[2]

필자 또한 국토의 균형적 발전을 옹호한다. 인구의 쏠림현상이 나라를 망친다고 생각해왔다. 하지만 '파멸적 집적'을 주장하는 사람들과는 관점이 좀 다르다. 다시 한번 강조하지만, 2040년에 제 기능을 상실할 30%의 지자체들은 절대 파멸하지 않는다. 중앙정부라는 든든한 후원자가 있기 때문이다. 그리고 이 지자체들은 그 후원자의 약점도 잘 알고 있다. 아무리 어려워져도 후원자가 손을 놓는 일은 없을 거란 사실을! 기능을 상실한 30%의 지자체에는 인공호흡기가 달릴 것이다. 그리고 여기에 천문학적 액수의 연명치료 비용이 들어갈 것이다. 이 비용은 누가 대나? 물론 우리 국민 모두가 짊어지게 될 부담이다.

모든 곳을 다 살릴 순 없다! 저성장·저출산 기조는 공간적 마태효과를 더욱 강화하는 쪽으로 나타날 것이고, 아무리 예산을 투입해도 어찌할 수 없는 상황으로 갈 것이기 때문이다.

진정한 국토균형은 수도권과 겨룰 대도시를 키우는 것!

수도권 독식을 공격할 때 자주 나오는 말이 있다. "수도권은 우리나라 국토면적의 12% 정도를 차지한다. 이 좁은 공간에 그러나 인구의 반이 쏠려 있다. 이건 너무하지 않는가. 수도권 규제를 강화해서 지방을 발전시켜야 한다!" 필자 또한 공간적 마태효과를 만들어내는 시장 메커니즘의 공정성을 의심한다. 그래서 공공이 나서서 '게임의 룰'을 만들어야 한다고 주장해왔다. 그중 하나가 강력한 수도권 규제 정책이다.

하지만 수도권 규제의 효과가 나머지 88%를 차지하고 있는 지방 곳곳에 균등하게 배분되게 해선 안 된다. 국토균형발전 정책에서의 균형은 수도권과 '맞짱' 뜰 만한 지방 대도시들을 키우는 쪽으로 나아가야 한다. 이렇게 하지 않으면 우리는 죽도 밥도 아닌 상태로 국가적 재정위기를 맞을 가능성이 크다. 그러면 어찌 해야 하는가? 이 책의 3부에서 기술한 지방 중소도시들의 생존전략을 한 마디로 요약하면 다음과 같다.

"분산·팽창하면 죽고, 집중·압축하면 산다!"

지방 중소도시들은 저출산·고령화·저성장이라는 거스르기 힘든 메가트렌드를 인정해야 한다. 인구와 산업이 쪼그라드는 미래를 받아들여야 한다는 뜻이다. 그래야 현실에 맞는 정책을 수립할 수 있다. 중앙정부는 더 이상 지방 중소도시들의 눈치를 보며 정책 결정을 하면 안 된다. 나눠주기식 정책은 예산 투입의 효율성을 낮추고, 궁극적으로는 지방은 '어찌해볼 수 없는 곳'이란 낙인만 안겨줄 것이다.

도시의 축소는 도시의 소멸이 아니다. 지방 중소도시는 양적 발전의 환상을 깨야 한다. 살아남기 위해 소규모 행복도시로의 질적 전환을 꾀해야 한다. 압축적 도시전략을 통해 옹기종기 모여 사는 법을 배워야 한다. 그래야 생존할 수 있고, 지역의 전통과 문화를 아래 세대로 이어나갈 수 있다.

　새 정부가 들어서면서 5년간 50조 원을 500곳의 쇠퇴지역에 투자하겠다고 선언했다. 얼추 한 곳당 1000억 원 정도다. 만일 대통령의 임기가 6년이었다면 6년간 600곳에 600조 원의 예산을 투입한다고 하지 않았을까? 500곳 50조 원이든 600곳 60조 원이든, 이 어마어마한 숫자는 '쇠퇴하는 모든 곳을 살리겠다'는 정부의 의욕을 대변하고 있다. 학계도 그 어느 때보다 떠들썩하다.

　여러 지역에서 이번엔 우리가 받을 차례라며 기대감을 드러내고 있다. 이제 각 지자체들은 쇠퇴로 인해 자신들이 얼마나 안타까운 상황에 처해 있는지 보여주기 위해 안간힘을 쓸 것이다. 그리고 중앙정부는 따뜻한 손을 내밀어 이들의 아픔을 보듬으려 할 것이다. 정말로 답답하고 가슴이 막힌다. 도시재생 뉴딜사업의 근본 목적이 무얼까? 쇠퇴 막기? 주민 삶의 질 높이기? 일자리 만들기? 다 좋다. 하지만 이런 방법은 결코 성공할 수 없다. 쇠퇴하는 모든 곳을 살리겠다고 덤벼들었다간, 손가락 사이로 모래가 줄줄 새어나가듯 국고도 순식간에 홀쭉해질 것이다.

　재생사업으로 큰 판을 벌이겠다고 큰소리 치고 있는 정부가 가장 먼저 해야 할 일은, '어디가 쇠퇴로 인해 생사의 갈림길에 있는지' 확인하는 것이다. 두말할 나위 없이, 그건 바로 소멸될 위기에 직면한 지방 중소도시이다. 대도시 일부 지역의 경제가 죽었다고, 그래서 사람들이 빠져나가고 건물이 노후화되었다고 걱정하는 건 지나친 호들갑이다. 정부가 걱정해야 할 곳은 대도시가 아닌 지방 중소도시들이다. 이들의 쇠퇴 문제에 총력을 기울여야만 한다.

그럼 어떻게 지방 중소도시를 살릴 수 있을까? 핵심은 도시재생의 패러다임이 바뀌어야 한다는 데 있다. 쇠퇴를 질병으로 보고 무조건 치료해야 한다는 강박증에서 벗어나야 한다. 앞으로의 도시재생 사업은 '치료'가 아닌 도시의 '체질 개선'에 역점을 두어야 한다. 이 책에서 강조하는 체질 개선은 도시 공간구조를 압축적으로 바꾸는 것이다. 그래야 쇠퇴의 충격을 최소화할 수 있다. 또한 쇠락하는 도시들을 위해서라도 지방에 거점 대도시들을 키워야 한다. 정부는 이 대도시들이 수도권에 꿀리지 않을 만큼 커질 수 있도록 도와야 한다.

그러기 위해서는 나눠주기식 지역개발이나 새로운 도시개발은 지양해야 한다. 기존 대도시의 공간구조를 더욱 압축화해서 집적의 이익을 더 누릴 수 있도록 독려해야 한다. 그리고 이렇게 성장한 몇몇 지방 대도시들이 자신들이 가진 자원을 주변 중소도시와 나눌 수 있는 시스템을 구축토록 해야 한다. 요약하자면, '수도권과 어깨를 나란히 할 지방 대도시 몇 개를 키우는 것', 그리고 '지방 대도시와 중소도시의 상생시스템을 구축하는 것', 이것이 예산의 제약 아래에서 우리가 추구할 수 있는 진정한 국토균형발전이다.

1부
지방 쇠퇴가
공멸을 부른다

1장

2040년 기능 마비에 빠질 지자체들

중소도시의 심각한 인구유출 문제

단군 이래 우리나라 인구가 가장 많은 시기는 2030년경이 될 것이라고 한다. 대략 10년 정도 뒤다. 그 이후부터는 인구가 줄어든다. 그것도 무지하게 빠른 속도로. 정부는 2030년부터 30년간 인구가 15% 증발할 거라 예측했다. 데이비드 콜먼David Coleman이라는 영국의 인구학자는 우리나라를 300년 후 지도상에서 사라질 첫 번째 국가로 지목했다. 그는 한국의 인구감소 현상을 '코리아 신드롬Korea syndrome'이라 불렀다. 국내의 연구 결과도 비슷하게 비관적이다. 국회입법조사처가 자체적으로 개발한 입법·정책수요예측모형(NARS 21)을 통해 시뮬레이션한 결과, 한국인은 2750년에 멸종하게 된다. 이 시뮬레이션 결과에 의하면 2172년에는 우리나라에 500만 명, 2198년에는 300만 명, 2256년에는 100만 명, 2379년에

는 10만 명의 인구만 남게 된다.[1]

우리나라가 소멸국가 1호로 꼽히는 데는 그만한 이유가 있다. 바로 젊은 사람들이 '애를 낳지 않기' 때문이다. 과거엔 우리나라에서도 베이비가 붐(?)을 이루던 시기도 있었다. 1955부터 1963년 사이에는 가임여성 1인당 6명의 아이를 낳았다. 한국전쟁 중 서로 떨어져 있었던 부부가 결합하고 한동안 미루어두었던 결혼이 한꺼번에 몰린 결과다. 이때 태어난 베이비부머들은 현재 우리나라 전체 인구의 약 15% 정도를 차지한다. 사실 이 시기의 인구폭발은 정부의 적극적인 출산장려 정책에 기인하기도 했다. 당시 정부는, 북한을 이기는 방법으로 '더 많은 인구'를 선택했다. 인구가 '국력'이었던 것이다. 어머니날(어버이날의 전신)에는 아기를 10명 내외로 낳은 여성들이 시·도 표창을 받았고, 3명 이상을 낳은 여성은 감사장을 받았다고 한다.

본격적인 경제개발이 시작된 1960년대 중반부터 인구문제가 국가적 사안으로 부각되었다. 그리고 경제개발을 위한 산아제한 정책이 시작되었다. 정부의 출산억제 정책은 효과를 발휘했다. 하지만 여전히 출산율은 높았다. 1970년대까지도 한국 여성은 평균 4.7명의 자녀를 낳았다. 이는 멕시코, 터키 다음으로 높은 수치였다. 1971년에는 약 100만 명 정도의 아이가 태어났다. 아마도 1970년대 초반 이전 출생자들은 기억할 것이다. 초등학교 한 반에 70명이 넘게 들어가 있던 콩나물 교실을. 교실이 부족한 학교들은 오전반과 오후반으로 나누어 2부제 수업을 진행하기도 했다. 요즘 초등학교 한 학급의 학생 수는 20~25명 정도이니, 그야말로 격세지감을 느낄 만하다.

당시는 "딸 아들 구별 말고 둘만 낳아 잘 기르자"가 대표적인 표어였다. 동네 곳곳의 전봇대와 담벼락에는 4인 가족의 단란함을 선전하는 포스터가 나붙었다. 1974년에는 정부가 예비군들을 대상으로 정관수술을 권유했다. 연병장에서 "정관수술을 받으면 훈련이 면제됩니다!"라는 안내방송이 확성기를 통해 흘러나왔다. 이뿐만이 아니다. 1977년에는 불임시술을 받은 이들에게 아파트 청약 우선권도 주었다. 덕분에 얄궂게도 서울 강남에 위치한 반포 2,3지구 아파트는 '고자 아파트' '내시 아파트'라는 놀림을 받기도 했다.[2]

이러한 정부의 노력으로 1980년대 초반 출산율은 평균 2.9명 대로 대폭 감소했다. 그럼에도 인구증가와 성비 불균형에 대한 우리 사회의 불안감은 계속되었다. "하나 낳아 젊게 살고 좁은 땅 넓게 살자" "잘 키운 딸 하나 열 아들 안 부럽다" "사랑으로 낳은 자식, 아들딸로 판단 말자" 등의 표어가 유행했다. 이런 적극적인 산아제한 정책은 효과를 발휘했다. 1980년부터 5년간 출산율은 3명에서 2명으로 떨어졌다. 하지만 정부는 1980년대 중반까지 출산억제 정책을 계속 밀어붙인다. 이 정책을 지속하지 않는다면 출산율이 다시 튀어오를 수 있다고 생각했기 때문이다. 1982년에는 예비군 훈련 중 정관수술을 한 사람들에게 훈련 잔여시간을 면제해줬다. 1984년 한 해 예비군 정관수술자는 8만3527명으로 정점을 이루었다.[3]

1980년대 중반부터는 출산율이 2명 이하로 더 떨어졌다. 갑작스런 출산율 감소에 당황한 정부는 1980년대 후반부터 인구정책

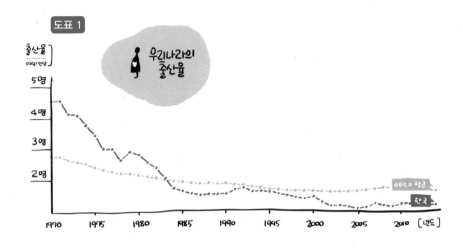

도표 1

출산율
여성 1인당

5명
4명
3명
2명

1970 1975 1980 1985 1990 1995 2000 2005 2010 [년도]

우리나라의 출산율

OECD 평균

한국

을 변경하기 시작한다. '2명'을 지키는 게 중요한 이유는, 이 숫자 이하에선 인구가 줄어들기 때문이다. 남녀 둘이 만나 최소한 아이 2명은 낳아야 지금의 인구가 유지되지 않겠는가.* 이 시기부터 정부 정책은 산아제한에서 출산장려로 바뀐다. 1989년에는 피임사업의 중단뿐만 아니라 산아제한 정책도 폐기했다. 1990년대부터는 보다 적극적으로 출산을 장려했다. "아기의 울음소리, 미래의 희망소리" "가가호호 둘셋출산 하하호호 희망한국" "허전한 한 자녀, 흐뭇한 두 자녀, 든든한 세 자녀" 등의 표어가 등장하기 시작했다.

하지만 이러한 정부의 홍보 노력은 효과가 없었다. 우리나라와 OECD회원국 간의 출산율 격차는 점점 더 커져만 갔고, 2005년 이후부터는 출산율 꼴찌 국가로 자리매김하게 되었다. 2005년에 출

● 현 수준의 인구를 유지하기 위한 출산율을 인구대체율이라고 한다. 선진국의 인구대체율은 2명보다 높은 2.1명으로 알려져 있다. 이는 유아 때 사망하는 자녀와 자연적으로 불균등하게 나타나는 성비를 고려한 것이다

산율이 1.08명 수준으로 떨어지자 표어는 보다 절절한 문구로 변화한다. "아빠, 혼자는 싫어요. 엄마, 저도 동생을 갖고 싶어요" "자녀에게 물려줄 최고의 유산은 형제입니다". 정부는 2005년에 '저출산·고령화사회 기본법'을 제정하여 저출산 극복을 위한 법적 기반도 마련했다. 하지만 백약이 무효였다. 10년이 넘게 지난 2016년 현재 우리나라의 출산율은 1.2명이다. 남녀 둘이 만나 1.2명의 아이만을 낳으니 앞으로 인구는 빠르게 감소할 수밖에 없다. 이제 인구감소는 우리 미래를 위협하는 국가적 문제가 되어버렸다.

인구감소는 가장 먼저 지방 중소도시에 직격탄을 날릴 것이다. 이미 심각한 인구유출 현상을 겪고 있는 이 도시들은 머잖아 소멸할 지경에 이르게 될지 모른다. 지금도 이 도시들은 너무나 많은 사람들이 떠나 비어가고 있다. 대신 지방 중소도시를 살리기 위해 우리 모두가 짊어져야 할 사회적 부담이 어마어마하게 커지고 있다. 그렇다면 그 실상은 도대체 어느 정도일까?

도시계획학에서는 중소도시를 인구 10~50만 명, 소도시의 기준을 인구 10만 명 이하로 보기도 하지만 엄격한 기준이 있는 건 아니다. 어떤 연구에서는 중소도시를 인구 50만 명 이하의 도시로, 또 다른 연구에서는 인구 30만 명 이하의 도시로 설정하기도 한다. 순전히 연구의 목적에 따라 달라지는 것이다. 인구규모에 따른 도시의 기준과는 별개로 한국에서는 인구 15만 명 이하의 기초지방자치단체들에서 급속한 인구유출이 있어왔다.*

● 이 책에서는 이러한 도시를 중소도시로 명명하고자 한다. 여기에는 '군'급 도시들도 다수 포함되어 있다. 군 지역이라도 인구가 집중된 지역은 국토계획법상 용도지역'

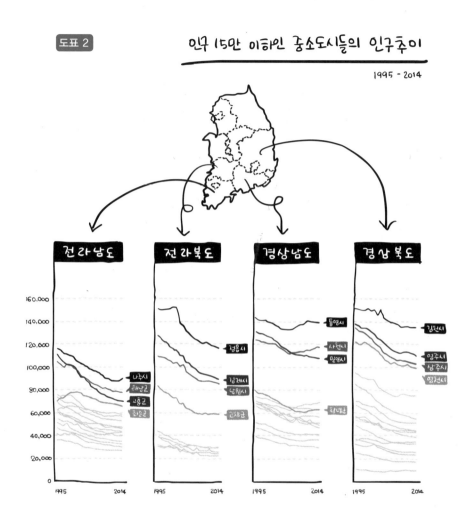

도표 2

인구 15만 이하인 중소도시들의 인구추이

1995 - 2014

전라남도 | 전라북도 | 경상남도 | 경상북도

160,000
140,000
120,000
100,000
80,000
60,000
40,000
20,000
0

1995 2014 | 1995 2014 | 1995 2014 | 1995 2014

나주시
해남군
고흥군
화순군

정읍시
김제시
남원시
고창군

통영시
사천시
밀양시
창녕군

김천시
영주시
상주시
영천시

[도표 2]는 1995년부터 20년간의 전남·전북·경북·경남의 중소도시 인구변화를 그래프로 나타낸 것이다. 쉬운 비교를 위해, '연

에서 '도시지역'으로 설정되어 있기에 고흥군·보은군 등과 같이 인구가 매우 적은 군 지역도 도시로 불릴 수 있다.

도'를 나타내는 가로축(1995년부터 2014년)과 '인구수'를 나타내는 세로축(최소 0명부터 최대 160,000명)의 단위를 통일했다.

[도표 2]가 보여주는 두드러진 경향에 주목해보자. 물줄기가 줄어들어가는 시냇물, 혹은 바람에 풀려나간 실오리들이 힘없이 가라앉는 모습처럼 보이기도 한다. 이것이 썰물처럼 인구가 빠져나간 우리나라 지방 중소도시의 현실이다. 그럼 앞으로도 이런 추세는 계속될까? 그래프가 스스로 알려주고 있다. 마치 대부분의 중소도시 인구가 어떤 목표지점을 향해 점점 수렴하는 것처럼 보인다. 아마도 그 추세의 끝은 '인구 0명'일지도 모르겠다.

우리나라 인구가 2030년부터 감소한다지만, 지금까지는 인구의 증가 추세가 감소해왔을 뿐 인구 자체는 계속 늘어왔다. 하지만 지방의 상황은 달랐다. 전국적으로는 인구가 증가해왔어도, 지방 중소도시 인구는 수십 년간 계속해서 쪼그라들었다. 지방 중소도시의 인구가 수도권이나 인근 대도시로 빠르게 이주했던 것이다.

인구감소에 시름시름 앓는 지방 중소도시

인구통계 추이를 통해 가늠되는 지방 중소도시의 미래는 매우 어둡다. 인구도 거의 없고, 고령자만 남아 있는 도시. 이것이 통계만이 아니라 실제 답사를 진행하면서 떠오른 20년 후의 쇠퇴도시의 모습이다.

답사를 진행하면서 그곳에 오래전부터 살고 있던 토박이들을 만날 기회가 있었다. 이런 토박이들은 시장 상인이기도 했고, 문화해설사 혹은 커피숍이나 음식점 주인이기도 했다. 이들 대부분은 자신들의 고향이 점점 쇠락해간다는 걸 잘 인지하고 있었다. 그렇지만 이들은 '자신들이 살고 있던 지역이 앞으로 없어질 가능성'에 대해서는 꿈에도 생각하지 않고 있었다. 현지 분위기는 학계에서의 호들갑과는 너무나 달랐다. 토박이들은 대부분 자신의 고향에 대해 '조금씩 쇠락해왔지만, 그리 심각하지는 않은 수준'이라 느끼고 있었다. 쇠락이 20년에 걸쳐 서서히 진행된 점을 고려하면, 그도 이해 못할 바는 아니었다.

이들은 과거 20년간의 변화를 도시가 겪는 생로병사의 자연스런 과정으로 받아들이는 듯했다. 신도심으로 인구가 이동하는 것도, 전통시장[5]의 고객이 대형마트로 옮겨가는 것도, 길거리가 예전보다 한산해지는 것도, 건물의 페인트가 점차 벗겨져가는 것도 모두 피할 수 없는 운명처럼 받아들이는 분위기였다. 인구·노후·주택·고용 등 지역의 상태를 보여주는 통계값들이 고꾸라져가는 도시에 살고 있는 주민들의 반응이 이러하리라고는 예상하지 못했다.

태백에서 만난 한 문화해설사의 말이다. "나는 광부의 딸로 태백에서 태어나고 쭉 자란 토박이에요. 태백은 광산업이 쇠퇴한 이후에 일자리가 많이 사라졌습니다. 그러나 희망은 있다고 봐요. 태백은 다른 도시가 가지지 못한 아름다운 자연이 있으니까요. 물론 인구가 증가하거나 하는 일은 없겠지요. 태백은 지금의 상태로 청정도시로 가꾸어 가면 됩니다."

태백이 가진 아름다운 자연은 다른 도시에서도 많이 본 것이었다. 우리 답사팀은 고개를 끄덕이며 듣긴 했지만, 긍정의 끄덕임은 아니었다. 단지 문화해설사의 희망이 정말로 이루어지길 소망하는 동작이었다.

충주에서 만난 한 문화해설사도 다음과 같이 얘기했다. "아주 오래전에 충주가 잘 나가던 도시로 꼽혔던 적이 있었죠. 그런데 10~20년 전부터 이 도시는 정체되어 있어요. 옆의 청주로 사람들이 많이 빠져나갔고요. 충주의 중심 시가지는 정지된 느낌이에요. 수십 년 전과 지금이 똑같은 모습이니 말이에요."

충주의 구舊시가지는 결코 정지된 상태로 머물지 않았다. 분명히 해를 거듭할수록 낡고 낙후된 모습으로 변해왔다. 하지만 정작 그곳에서 터를 잡고 사는 사람들은 그것을 느끼지 못하고 있었다. 하긴 세계사의 한 자락에서 격동의 시기를 살고 있는 이들도, 이런 격동이 어느 정도의 거센 흐름인지는 눈치 채지 못하는 것과 같은 이치일 게다. 지난날에 대한 망각이 빠르게 진행되기 때문일 수도 있고, 현재의 변화에 너무나 빠르게 적응하기 때문이기도 할 것이다.

"인구가 20%나 감소한 이유가 무엇이겠는지요?"라고 묻자 "그랬어요?"라고 되묻는다. 면적은 넓지만 손님 숫자를 셀 수 있을 정도로 한가한 전통시장의 가게에 들어가서, "요즘 경기가 참 안 좋죠?"라 물으면, "뭐… 그냥 그래요. 먹고 살 정도예요"라고 답하는 경우도 많았다.

이유야 어찌되었든 간에, 쇠퇴도시에 살고 있는 사람들은, 자신들이 살고 있는 도시가 '쇠퇴도시'라는 학자들의 진단이 영 어색하고 불편한 모양이다. 하지만 이런 지역 토박이들의 반응과는 달리, 시뮬레이션 결과는 암울하기만 하다. 이 추세대로라면 앞으로 20년 후에는 '버려진 도시'가 속출할 것이다.

이게 지금 쇠퇴하고 있는 도시를 돌아보아야 하는 이유이다. 도시들의 소멸이 아쉬운 이유는 그곳에 그 지역만의 '아름다운 자연'이 있었고, '사랑스런 사람들'이 살았기 때문이다. 또한 그 지역에 얽힌 소중한 이야기도 있었기 때문이다. 도시가 사라진다면 우리가 잃는 건 집만도 아니고 직업만도 아니다. 우리가 영영 잃어버리는 건 역사 속에서 조각된 그 도시만의 숨결이며 기억일 것이다.

2040년에는 전국 지자체 중 30%가 기능 상실

인구감소를 막는 데는 두 가지 방법이 있다. 하나는 해외에서 이민자를 받는 것이고, 다른 하나는 젊은이들의 출산율을 높이는 것이다. 우선 이민자 유입 정책에 대한 내부 반발은 차치하더라도, 영어를 사용하지 않는 아시아 국가로서 이민자를 받는 데엔 한계가 있다. 외국인 이민에 소극적이었던 일본도 인구절벽을 극복하기 위해 이민자 유입 정책을 준비하고 있다. 하지만 많은 전문가들은 그 효과가 그리 크지 않을 것이라 예상한다.[6] 그만큼 이민자들을 받기가 쉽지 않다는 뜻이다. 특히 전문직종의 이민자는 더욱 그러하다. 상황이 이러하니 '얼마나 많은 젊은이들을 확보하는지'가 인구감소를 막기 위한 주된 방법으로 남는다.

마스다 히로야는 『지방소멸』이란 책에서 일본 도시들의 소멸 가능성을 20~39세의 가임여성 인구를 바탕으로 추정했다. 20대와 30대의 여성에게서 출산 95%가 이뤄지기 때문에 통계지표로서 가임여성 인구에 대한 분석은 실로 중요하다. 마스다 히로야는 소멸 가능성이 높은 지역을 선별하기 위해 '65세 이상 노인 인구'와 '20~39세 여성 인구'를 비교했다. 그리고 여성 인구가 노인 인구의 절반에 미달하는 경우 소멸 위험지역으로 분류했다. 그는 이 기준을 토대로 일본의 지자체 중 절반 정도인 896개의 지자체가 소멸위기에 있다고 주장했다.

이와 똑같은 방식으로 국내의 한 신문사가 우리나라 도시의 소멸 가능성을 예측했다.[7] 분석 결과, 전국 지자체 중에서 30% 정도가 소멸 위험지역으로 분류되었다. 우리나라가 일본에 비해 소멸 위험지역의 비중은 작게 나타나고 있지만, 10년 만에 3배 가까이 소멸 위험지역이 증가(33곳→80곳)했다. 이런 쇠퇴의 속도를 고려하건데, 소멸 위험지역이 50%에 육박하는 데는 앞으로 10년도 채걸리지 않을 것이다.

가임여성 인구가 노인 인구의 반도 되지 않는다면 아무리 애를 낳아도 인구를 유지하기 어렵다. 하지만 여성 인구 비율만으로 소멸 가능성을 추정하는 데는 공감하기 어려운 부분도 있다. 출생·사망에 기반한 인구의 '자연적 감소'가 소멸의 유일한 원인이 아니기 때문이다. 실제로 지방 중소도시들의 인구감소는 다른 지역으로의 인구이동에 따른 '사회적 감소'가 중요한 부분을 차지해왔다. 그러니 지방도시의 소멸 가능성에는 사회적 감소도 중요하게 고려해야 한다.

필자는 지방소멸 가능성을 가장 잘 보여줄 수 있는 지표로서 '통계로 나타난 인구'의 추이에 주목했다. 인구통계 자료를 이용한 추세분석은 출생·사망·인구이동 등의 복합적 영향을 반영하고 있기 때문이다. 여기서는 과거 20년 동안의 통계자료를 기반으로 지자체별 미래 인구를 예측해보았다.* 인구 15만 명 이하 대부분의 지방 중소도시들은 인구의 급속한 감소를 경험해왔는데, 그중 몇몇 도시들만 뽑아서 인구 소멸시점을 계산해보았다.

[도표 3]은 인구의 소멸시점(=인구가 0이 되는 시점)이 가장 빠를 것으로 예상된 전남 고흥군(소멸순위 1위)의 인구감소 추이다. 과거 20년 동안의 추세가 앞으로도 지속된다면, 전남 고흥군은 2040년에 인구가 '0'이 된다. 올해 태어난 아이가 성인이 될 즈음 고흥군이란 지명은 사라질 수도 있다. 또 다른 예로 보은군(소멸순위 20위), 해남군(40위), 하동군(60위)도 분석해보았다. 보은군은 2051년, 해남군은 2059년, 경남 하동군은 2072년에 아무도 살지 않는 곳이 될지 모른다.

'인구가 0이 되는 시점'을 지자체 소멸 시점이라 생각할 수 있지만, 우리의 관심은 지자체가 제 기능을 하지 못해 두 손을 드는 시점이다. 이 시점은 인구가 0이 되기 훨씬 전이다. 북미 최대의 자동차 도시인 디트로이트의 예를 보자. 1950년 디트로이트의 인구는 180만 명이었다. 미국의 빅3 자동차업체(포드·GM·크라이슬러)

● 통계적 모형으로 회귀분석 regression analysis이 사용되었다. 인구감소의 패턴에 따라 지수모형, 2차함수모형 등 다양한 함수들이 사용할 수 있지만, 여기서는 직선모형을 사용했다. 실제로 많은 중소도시들이 우하향右下向하는 직선의 형태로 인구가 감소되고 있기 때문이다.

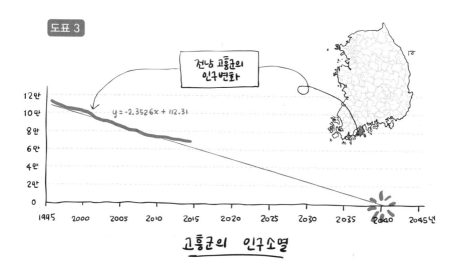

전낭 고흥군의
인구변화

$y = -2.3526x + 112.31$

12만
10만
8만
6만
4만
2만
0

1995 2000 2005 2010 2015 2020 2025 2030 2035 2040 2045년

고흥군의 인구소멸

가 자리잡은 디트로이트는 제2차 세계대전 이후 최고의 전성기를 맞았고, 전세계 자동차산업의 메카가 되었다. 그러나 1980년대부터 일본 자동차회사들의 선전으로 디트로이트의 자동차산업은 막을 내리기 시작한다. 1990년대 들어 자동차산업이 더욱 쇠퇴하자 인구는 급속히 줄어들었다. 주민들의 평균 수입도 가구당 평균 5만 달러에서 2만8000달러 수준으로 떨어졌다. 인구와 가계소득의 감소는 도시의 재정을 압박했다. 먹고살기 어려우니 인구는 계속 빠져나갔다. 디트로이트는 2013년 재정 악화로 파산하기에 이른다. 파산할 당시 이 도시의 인구는 70만 명 정도였다. 전성기에 비해 인구가 반 토막으로 줄어든 것이다.

　디트로이트의 면적은 370km^2이다. 크기로 치자면 우리나라 서울시의 60% 정도이다. 이렇게 큰 규모의 대도시에서 인구가 반 토막 나면 시는 견딜 재간이 없다. 인구가 줄어들어도 기존의 도시 인프라는 계속 유지되어야 한다. 인구밀도가 낮아졌다고 도로나 상하수도를 없앨 순 없지 않은가. 이를 유지하기 위한 비용이 점차 감당하기 힘들어졌다. 디트로이트는 채무를 갚기 위해 공공서비스의 질은 낮추고, 주민들의 주머니에서 세금은 더 걷었다. 이게 디트로이트 주민들이 미시간주에서 가장 높은 재산세와 소득세를 내는 이유다.[8] 세금이 높으니 주민들의 소비력은 크게 낮아졌고 경제의 활력도 떨어졌다. 2008년 이후 디트로이트의 공원들은 70% 정도가 폐쇄되었다. 가로등 10개 중 하나는 작동하지 않았다. 경찰인력은 10년 동안 40%가 줄었고, 경찰이 출동하는 데 걸리는 시간은 미국 평균의 5배나 되었다. 디트로이트는 미국 내 흉악범죄의 발생률이 가장 높은 도시로 꼽혔다. 2013년에는 인구 10만 명당 45건의 살인사건이 발생했는데 이는 미국 평균의 10배에 달한다.[9]

또 다른 파산도시인 일본의 유바리시도 인구의 급속한 감소를 겪었다. 유바리는 우리나라의 태백과 정선처럼 석탄산업이 유명했던 곳이다. 1960년 유바리 인구는 10만 명으로 전성기를 맞는다. 하지만 석탄에서 석유로 에너지 정책이 전환되면서 유바리의 탄광들은 순차적으로 폐쇄되었다. 1970년대 이후 일본의 석탄산업은 더욱 가파르게 기울었고, 사람들은 새로운 일자리를 찾아 다른 도시로 떠나갔다. 유바리 인구는 1980년에 이르러 5만 명 이하로 반토막 난다. 다급해진 시는 1980년대 말 관광도시로의 변신을 선언한다. "탄광에서 관광으로!"를 캐치프레이즈로 골프장·스키장·박물관 등을 짓기 시작했다. 탄광도시의 변신은 인구가 감소하는 다른 도시들의 주목을 끌기에 충분했다. 하지만 유바리의 이런 노력에는 한계가 있었다. 관광객 수는 기대했던 만큼 늘지 않았다. 일자리도 충분히 만들어지지 않았고 이미 꺾여버린 인구를 되돌리지 못했다. 결국 유바리시는 2006년 파산을 선언한다. 무모한 투자가 파산을 앞당겼던 것이다.

디트로이트와 마찬가지로 유바리의 상황은 참담하게 바뀌었다. 399명이던 시의 직원수는 100명으로 줄었고, 남은 이들의 연봉도 40% 수준으로 깎였다. 시의원도 18명에서 9명으로 줄었다. 6개였던 초등학교와 3개였던 중학교는 각각 1개씩만 남겨두고 모두 문을 닫았다.[10] 수도세와 자동차세 등 공공요금도 2배 이상 인상됐고, 시립 종합병원도 문을 닫았으며, 구급차도 절반 수준으로 줄었다. 디트로이트와 유사하게 '높은 세금으로 형편없는 서비스를 받는 상황'에 처하게 된 것이다. 이러한 현실은 유바리시의 인구유출을 더욱 부추겼다. 2015년 현재 유바리 인구는 1만 명 아래로 떨어졌다. 현재는 서울보다 큰 면적(서울시 면적의 126% 수준)에 9000명 정도의 인구만 살고 있다. 설상가상으로 이 중 반 정도가 65세 이상의 노인이다.

디트로이트와 유바리의 예에서처럼 인구추이는 '도시의 지속가능성'을 가늠하는 중요한 잣대가 된다. 그렇다면 지속적인 인구유출을 경험해온 우리나라의 중소도시들은 언제쯤 제 기능을 잃어버리게 될까? 여기서는 1995년 대비 인구가 반 토막 날 때를 기능상실 시점으로 잡았다. 1995년은 대규모의 시·군 통합(도농통합)이 있었을 뿐만 아니라 우리나라 지방자치가 본격적으로 시작되었던 때이다. 또한 IMF에 구제금융을 요청하기 바로 직전 시기로, 지방의 도시 쇠퇴에 관한 경각심이 거의 존재하지 않았다. 분석 결과, 2040년에 전국 지자체 중 30%는 1995년 대비 인구가 절반이 되는 것으로 나타났다. 그리고 이들 대부분(96%)이 인구 15만 명 이하의 지방 중소도시들이었다.

이렇게 인구추세를 이용하여 소멸 가능성을 계산한 결과는, 가임여성 인구를 이용해 소멸 가능성을 조사한 결과와 거의 흡사하다. [도표 4]의 왼쪽 지도는 가임여성 인구를 바탕으로 소멸 가능성이 높은 지역을 표시한 것이고, 오른쪽 지도는 2040년 인구가 1995년 인구 대비 50%에 미치지 못하는 지역을 표시한 것이다. 서로 다

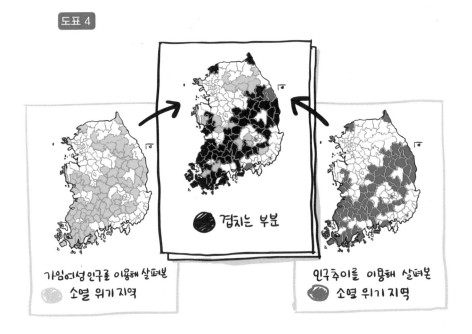

도표 4

겹치는 부분

가임여성 인구를 이용해 살펴본
소멸 위기 지역

인구추이를 이용해 살펴본
소멸 위기 지역

른 지표를 활용했지만, 두 지도는 마치 쌍둥이처럼 닮아 있다.

[도표 4]에서 알 수 있듯이 우리나라에서 가장 먼저 사라질 위기에 처한 곳은 비非수도권 지역의 중소도시다. 이제는 정부도 중소도시의 인구감소 문제를 심각하게 우려하고 있다. 정부는 2013년 '도시재생특별법'을 마련하여 인구감소가 심화되고 있는 지역을 살리기 위해 발 벗고 나섰다. 물론 인구의 감소세가 수그러졌다면서 중소도시들의 쇠퇴가 얼마 지나지 않아 멈출 것이라 말하는 이들도 있다. 이런 주장을 하는 사람들은 경제가 성장과 쇠퇴를 반복하듯 도시 또한 이러한 순환적 사이클을 보일 거라 믿는다. 실제로 일부 중소도시에서 인구감소 추세가 꺾이는 현상이 나타나고 있긴 하다. 인구 15만 명 이하 도시 중 문경시와 영광군 등을 포함한 몇몇 도시들은 인구추이를 나타내는 그래프가 아래로 내려가는 직선형이 아닌, 감소 후 정체 상태인 L자형으로 나타나고 있다. 이를 보며 '도시가 되살아나고 있다'고 얘기하는 것이다.

하지만 과거 10~15년간 빠르게 진행되던 인구감소 추세가 꺾인 건 이들 도시가 회복되고 있기 때문이 아니다. 진짜 이유는 이미 많은 수의 젊은이들이 빠져 나가, 이동성을 갖춘 인구(=빠져나갈 능력을 갖춘 사람들)가 줄어들었기 때문이다. 이는 지난 10년간 인구감소가 가장 빠르게 진행되었던 여타 지방도시들을 살펴보면 쉽게 알 수 있다. [도표 5]는 인구주택센서스를 이용해 삼척·정읍·남원·김제·영주·문경의 인구구조 변화를 분석한 것이다. 인구는 5세 단위로 구분했다. 왼쪽 그래프는 2000년의 인구구조를 보여주고 있는데, 이때에는 20~24세 인구가 가장 많이 분포되어 있었다.

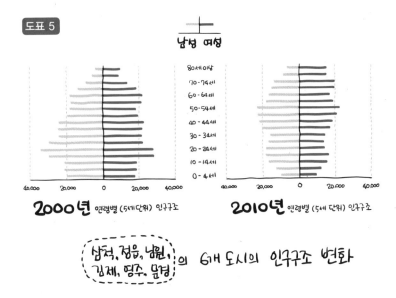

도표 5

남성 여성

80세이상
70-74세
60-64세
50-54세
40-44세
30-34세
20-24세
10-14세
0-4세

40,000 20,000 0 20,000 40,000

2000년 연령별 (5세단위) 인구구조

40,000 20,000 0 20,000 40,000

2010년 연령별 (5세 단위) 인구구조

상적, 정읍, 남원, 김제, 당주, 문경 의 6개 도시의 인구구조 변화

아래 연령층이 든든하게 받쳐주는 세모꼴 구조로 15년 전만 하더라도 지방도시에도 젊은 인구가 많았던 것이다. 이런 인구구조대로라면 2000년에 두터웠던 20~24세의 인구층은 2010년에는 두터운 30~34세 인구층이 되어야 했다. 하지만 불과 10년 만에 상황은 급속도로 변했다. 2010년 이 인구층은 가장 적은 분포를 보이고 있는데, 이는 젊은 인구의 유출 이외에는 설명할 길이 없다. 이제 이들 도시에는 50~54세 인구가 가장 많다. 시간이 조금 더 흐르면, 이 도시들의 인구구조가 역세모꼴 행태로 변화할 것임을 쉽게 예측해볼 수 있다.

이렇게 쇠퇴하는 지방 중소도시들에선 50대 이상의 인구층이 매우 비대해져 있다. 이들 대부분은 다른 지역으로 이동할 능력이 없다. 아니 능력이 있다고 해도 원하지 않는다. 다른 도시에서 새로롭게 적응할 만큼 남은 인생이 넉넉하지 않기 때문이다. 그리고 오랜 시간을 함께 보냈던 친구, 친척, 이웃을 떠나고 싶지 않기 때문이다. 답사 때 만난 한 어르신은 이렇게 얘기했다. "서울로 간 우리 애들이 돈 더 벌면 모시고 살겠다고 하는데, 내가 거기서 뭘 할 수 있겠나? 난 못 가. 애들과 떨어져 있어도 난 여기가 편해."

이러니 앞으로 진행될 중소도시들의 인구변화는 쉽게 예측할 수 있다. 지난 수십 년간의 인구감소를 젊은 층의 인구유출로 설명할 수 있다면, 앞으로의 인구감소는 노년층의 사망으로 설명될 것이다. 노인의 사망속도가 곧 중소도시의 인구감소 속도가 되는 것이다. 이제 중소도시의 인구감소 요인은 '인구이동'의 사회적 요인에서 '사망'과 같은 자연적 요인으로 서서히 변화하고 있다.

사람들이 등지는 도시

지난 반세기 동안 지방 중소도시는 대도시로 노동력을 공급하는 역할을 해왔다. 1960년대 이후 산업화의 진전은 대도시를 중심으로 이루어졌다. 일자리를 좇는 인구의 대이동은 농촌을 비우는 대신 대도시를 과밀하게 만들었다. 그러나 이제 '농촌 → 도시'로 흘러갔던 인구이동은 '지방 중소도시 → 대도시'의 흐름으로 바뀌어가고 있다. 앞으로 20년 정도가 지나면 우리나라 지자체의 30% 정도는 급속한 인구감소로 인해 그 기능을 상실한 채 텅 빈 거리가 일상적인 모습으로 변모할 것이다.

지금도 지방도시의 일부 전통시장에는 손님보다 이들을 기다리는 상인들의 수가 더 많다. 현수막은 요란하지만 사람들의 활기가 느껴지지 않는다. 어둑한 시장골목에 듬성듬성 폐업한 가게들이 보이고, 가게 유리창엔 '임대합니다. 000-0000'라고 적힌 딱지가 붙어 있다. 텅 빈 곳은 시장뿐만이 아니다. 젊은 인구가 빠져나가 노령화된 도시의 구석구석에선 휑함과 쓸쓸함이 뿜어져 나온다. 느릿느릿 어딘가를 걸어가는 노인들의 뒷모습엔 외로움이 묻어난다. 그리고 그 배경에는 벗겨진 페인트 사이사이에 곰팡이로 색깔이 변한 주택과 상가가 깔려 있다.

인구가 적으면 적은 대로 남은 사람들이 모여 오순도순 살면 되지 않을까? 그것도 가능한 얘기이긴 하다. 살 만한 곳과 그렇지 못한 곳을 구분하는 기준이 단지 '인구'만은 아니기 때문이다. 만일 인구수가 많은 곳이 가장 살 만한 곳이라면 서울이 1등, 부산이 2등, 인천이 3등… 순일 것이다. 하지만 지방 중소도시에서의 삶의 질은 대도시와 큰 차이를 보이지 않는다. 서울대학교 행정대학원과 『중앙선데이』의 공동조사 결과[11]에서는 인구와 행복도가 비례하지 않았다. 예컨대 우리나라의 모든 지자체 중 양구군이 가장 행복도가 높게 나왔다. 양구군은 2만4000명의 인구가 살고 있는 매우 아담한 소도시이다. 이곳뿐만이 아니다. 이 연구에서는 행복도 상위 10위에 속한 지자체 중 5곳이 농어촌 지역이었다.

하지만 인구가 계속 줄어들어도 이 지자체의 주민들이 계속 행복할 수 있을까? 지나친 인구감소는 '도시 활력의 저하'를 동반하게 된다. 이를 이해하기 위해 먼저 인구가 늘어나는 경우를 살펴보자. 인구가 증가하면 개발사업들이 줄줄이 따라온다. 늘어난 인구

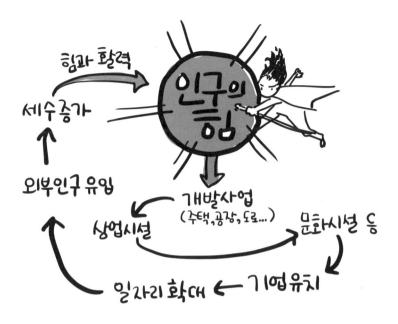

만큼 주택이나 공장도 필요하며, 도로도 건설해야 한다. 도로를 따라 온갖 상업시설이 들어선다. 상하수도나 문화시설을 건설하는 등의 수많은 개발사업도 필수적이다. 특히 인구의 증가는 기업을 끌어들이는 효과가 있다. 기업은 일자리를 제공하고, 이는 외부 인구를 더욱 끌어들이는 효과도 있다. 지자체는 늘어난 주민들과 기업으로부터 더 많은 세금을 확보하여 보다 다양한 사업을 벌인다. 이렇게 인구증가는 도시 전반에 다양한 파급효과를 만들어내고, 이는 도시에 '힘'과 '활력'을 부여한다.

반대로 인구가 감소하면 더 이상의 개발사업이 필요하지 않다. 주택이나 공장도 빈 곳이 늘어난다. 사용이 적어진 도로는 방치되기 쉽고, 상수도나 공공시설의 효율도 급속히 떨어진다. 인구가 감소하는 지역은 기업들도 선호하지 않는다. 전통적 제조업의 경우 노동력 확보가 필수적인데, 이게 쉽지 않기 때문이다. 기업이 떠나면 일자리가 없어지고, 인구는 더욱 감소한다. 주민과 기업이 사라지니 지자체가 걷는 세수도 급격히 줄어든다. 세금의 감소로 지자체는 고전한다. 자체 재원을 마련할 수 없고, 추가적인 사업도 벌일 수 없게 된다.

도시의 물리적 환경은 인구에 맞추어 계획되기 마련이다. 예를 들어 주택·도로·상하수도·시장·공공청사·도서관·학교·문화시설·체육시설·터미널·업무시설·주차장·광장 등은 인구에 비례해서 늘어난다. 인구의 증가로 이런 시설들이 모자라면 추가적으로 만들면 된다. 그럼 인구가 줄어들 때는? 감소된 인구에 맞추어 각종 인프라를 줄여야 할 것이다. 하지만 이게 말처럼 쉽지가 않다. 인구가 줄어들었다고 주택을 없애고, 공장을 부수고, 공원을 줄이는 식의 정책을 펴는 게 쉽지 않다는 뜻이다. 그럼 결국 인구가 급속히 쇠퇴하는 지역은 어떤 모습으로 변할까? 사용되지 않는 인프라는 노후되기 십상이고, 인구가 빠져나간 주택과 공장은 을씨년스런 모습으로 남게 된다.

인구가 줄어드는 도시는 바람이 빠져 시들해지는 풍선과 같다. 풍선은 탄력과 생생함을 잃고 흐물흐물해진다. 사람들은 활력이 떨어진 곳을 선호하지 않는다. 사람들이 하나둘 떠날수록 '관계'라는 연결고리도 약화된다. 공동체가 약화된 곳에서는 범죄도 많이 일어나게 된다. 사회학자 뒤르켐은 급격한 사회변화로 공동체가 와해되면 범죄율이 높아진다고 말한 바 있다. 그렇게 급속한 인구의 감소는 주민 삶의 질을 낮추게 된다. 실제로 최근의 한 논문에서는 지방 중소도시에서의 인구유출이 '생활 만족감'을 낮출 뿐만 아니라 '가족의 수입 만족감' '주거환경 만족감'을 낮추는 요인으로 작용한다고 결론 내리고 있다.[12] 결국 삶의 질에는 '인구' 자체가 아니라 '인구감소'와 같은 사회변화가 중요하게 작용한다. 지방 중소도시의 절망은 젊은이들이 애를 낳지 않아서가 아니라 젊은이들이 도시를 빠져나가는 데서 온다.

물론 지방 중소도시들은 인구를 유지하기 위해 부단한 노력을 해왔다. 젊은 부부가 찾아오도록 출산장려금뿐만 아니라 양육지원금도 지급한다. 땅끝마을로 잘 알려진 해남군의 경우는 다른 지자체보다 출산장려금을 월등히 많이 준다. 첫째 아이의 출산에 300만 원, 둘째 350만 원, 셋째 600만 원, 넷째 이상은 720만 원을 현금으로 준다.[13] 아이 넷을 낳으면 2000만 원 정도를 현금으로 받는 것이다. 덕분에 해남군의 출산 수도 상당히 늘었다. 합계출산율이 2.46으로 전국 평균(1.2)을 크게 뛰어넘는다. 2010년부터 5년간 해남군에서 태어난 아이는 3802명이었다. 그런데 기이하게도 같은 기간 4세 이하 연령대 인구는 지속적으로 감소했다.[14] 그 이유는 출산장려금만 받고서 다른 곳으로 떠나는 '먹튀출산'이 많았기 때문이다. 출산지원에 매년 40억 원이 넘는 돈을 투입하는 해남군은 돈 써서 남 좋은 일 시켜준 꼴이 되었다.[15] 높은 출산율이 무색한 인구의 감소현상은 '해남의 역설'로 불리기도 한다. 해남은 '자연적' 인구증가가 인구이동으로 인한 '사회적' 인구감소에 압도된 전형적인 경우이다.

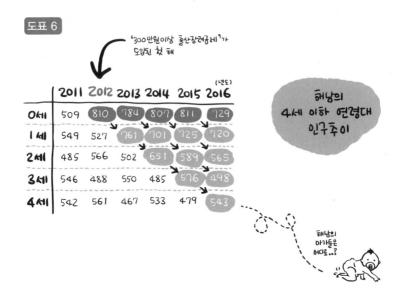

도표 6

'300만원이상 출산장려금제'가
도입된 첫 해

해남의
4세 이하 연령대
인구추이

	2011	2012	2013	2014	2015	2016 (년도)
0세	509	810	784	807	811	729
1세	549	527	761	701	725	720
2세	485	566	502	651	589	565
3세	546	488	550	485	576	498
4세	542	561	467	533	479	543

해남의
아가들은
어디로..?

인구이동을 둘러싼 경쟁은 본질적으로 제로섬 게임이다. 한 지역에서의 인구유출은 다른 지역으로의 인구유입을 의미한다. 더욱이 인구증가가 정체된 상황에서 '인구이동'은 이익을 보는 쪽과 손해를 보는 쪽의 명암을 극명하게 드러낸다. 극단적인 경우, 인구이동은 한쪽을 고사시킬 수 있으며, 대다수의 지방 중소도시들이 이런 고사의 위기를 맞고 있다. '사느냐 죽느냐'의 기로에 놓인 지자체는 그 어느 때보다 절박한 심정으로 미래를 맞고 있다.

2장

지방 쇠퇴에 대한 헛다리 진단

지방 쇠퇴의 실상

지방도시의 인구감소와 쇠퇴 조짐은 1990년대 중반부터 나타나기 시작했다. 하지만 도시 쇠퇴에 관한 논의가 본격적으로 진행된 건 지금으로부터 약 10년 전쯤인 2006년 정도부터다. 정부는 지방도시의 쇠퇴 속도에 크게 당황했다. 그래서 국가적으로 '도시재생사업단'을 구성하여 쇠퇴도시를 활성화하는 방안을 모색했다.

이 도시재생사업단은 도시재생에 관해 국가 연구개발사업을 총괄하는 조직이다. 이 사업단에는 국내에서 내로라하는 도시 분야 대학교수들, 그리고 도시계획 엔지니어링 업체들이 참여했다. 그리고 1차로 7년간(2007~2013년) 연구를 진행했다. 연구개발에 투자한 돈만 무려 1500억 원이다. 1년에 215억 원꼴로 투입된 것이다. 2008년 글로벌 금융위기가 터지기 전, 그러니까 경기가 한창 좋았을 때 쇠퇴하는 도시를 미리 걱정했으니 그리 늦은 대응은 아니었다.

학자들은 먼저 '쇠퇴란 과연 무엇인가?'에 답하려 했다. 처음에는 도시의 쇠퇴를 그저 지역이 낡고 지저분해지고 빛이 바래는 것으로 간주했다. '낡음=쇠퇴'였던 것이다. 이런 시각에서 쇠퇴를 막는 방법은 간단하다. 칙칙한(?) 건물들을 밀어버리고 새 건물을 올리면 되는 것이다. 도시의 쇠퇴를 막는 방법을 이렇게 단순하게 생각했을 리가 없다고 여길지도 모르겠다. 하지만 사실이다. 불과 10년 전까지만 해도 이런 생각이 대세였다. '달동네' 사업, 그리고 '재개발'과 '재건축' 사업을 생각해보라. 뭔가 낡은 지역이 깨끗한 모습으로 거듭나는 게 그려지지 않는가? 서울의 관악구 봉천동, 마포구 공덕동, 동대문구 청량리동, 경기도 성남의 은행1동 등의 판자촌도 모두 깔끔한 건물들로 대체되었다. 달동네 재건사업은 새집만들기 사업이었다. 재개발·재건축 사업 역시 다르지 않다. 이들 사업도 헌 집을 새 집으로 바꾸는 과정이었다.

이렇듯 쇠퇴에 관한 과거의 시각은 '물리적 노후화'에 초점이 맞추어져 있었다. '도시 및 주거환경정비법'(약칭 '도시정비법')은 쇠퇴한 곳을 재정비하는 강력한 법적 근거를 제공했다. 이 법에 의해 추진되는 사업들은 대부분 '헌 건물을 새 건물'로 바꾸는 게 핵심이었다. 실제로 도시정비법에서 규정한 사업 대상은 '건물이 노후'되었거나 '도시기반시설이 열악'한 곳으로 한정되었다.

하지만 이러한 생각에도 변화가 생기기 시작했다. 학자들은 도시의 쇠퇴에는 물리적 노후는 물론 경제적 위축과 인구감소 현상이 맞물려 있다는 사실을 눈치 채기 시작했다. 쇠퇴한 도시를 방문하면 낡고 허름한 건물에, 쪼그라든 경제활동, 그리고 노령화된 주민들을 만나게 된다. 이런 현상들은 동시에 발생하곤 한다. 하지만 그렇지 않은 경우도 많이 있다. 어떤 지방도시를 방문하면, 상가건물은 번듯하게 단장했지만 파리만 날리는 경우도 흔히 볼 수 있다. 이런 경우는 건물의 상태가 쇠퇴의 정도를 반영하지 못한다. 따라서 도시의 쇠퇴를 다양한 측면에서 측정하기 시작했다. 쇠퇴를 물리적 측면뿐만 아니라, 경제적·인구적 측면의 쇠퇴로 구분하게 된 것이다.

각 측면에서의 쇠퇴를 측정하는 기준은 매우 다양하다. 물리적 쇠퇴는 주택이나 상가가 어느 정도 노후되었는지를 측정한다. 또 주택이나 상가가 어느 정도 빈 상태로 방치되어 있는지를 측정하기도 한다. 경제적 쇠퇴를 측정하는 예로는 줄어든 일자리나, 지자체의 재정자립도 감소를 산정하는 방법을 들 수 있다. 인구의 쇠퇴는 인구수 감소를 측정하는 방법이 대표적으로 사용된다. 보다 넓게 인구사회학적 측면도 포함해서, 인구감소로 공동체가 무너지고 범죄가 증가되는 현상도 인구적 쇠퇴의 한 양상으로 분류하기도 한다.

물론 상가가 낡거나 빈집이 증가하는 현상은 '지역에서 일자리가 없어지는 현상'과 '인구가 외부로 유출되어 줄어드는 현상'이 연관되어 있는 문제다. 경제, 물리적 환경, 인구가 서로 따로 노는 게 아니란 뜻이다. 도시 연구자들이 각기 다른 관점에서 진단한 결과들이 서로 뗄래야 뗄 수 없는 관계에 있다는 건 굳이 설명할 필요가 없을 것이다.

하지만 누군가가 이 세 가지 측면 중 쇠퇴를 불러오는 가장 근본적인 원인을 골라보라고 한다면? 쇠퇴하는 여러 지역들을 직접 방문해보면 주저 없이 답할 수 있다. 쇠퇴 여부를 판단하는 가장 중요한 기준은 바로 '경제적 측면'이다. 사람들이 떠나는 것도 먹고 사는 문제 때문이고, 낙후된 건물을 방치하는 것 또한 먹고 살기 힘들기 때문이었다. 살던 지역을 떠난 사람들의 마음을 생각해보자. 아마도 이들의 마음속에는 정든 동네를 떠나는 서글픔, 새로운 곳에 대한 불안감과 더불어 지금보다 '더 잘 먹고 잘 살 수 있을 것'이라는 희망이 교차했을 것이다. 더 잘 살 수 있다는 희망이 부정적 감정을 누를 때 이들은 떠날 수 있다. 쇠퇴도시를 답사하는 동안 유리창이 깨진 채 비어 있는 상가나 '임대합니다' 딱지가 붙은 수많은 건물들을 보았다. 무너져가는 담장 틈으로 보이던 잡풀이 주인을 대신한 빈집도 많았다. 왜 장사를 접었고, 살던 곳을 떠났을까?

인구의 감소와 물리적 낙후 현상의 원인은 경제적 이유에 있다. 순서로 따지면 경제적 쇠퇴가 먼저 오고 다른 문제들이 뒤따라온다는 얘기다. 함수로 따지면 경제는 독립변수, 인구와 물리적 측면은 종속변수가 된다. 한번 생각해보자. 사람들이 떠났기 때문에 일자리가 없어졌다기보다 일자리가 없어졌기 때문에 사람들이 떠났다고 얘기하는 게 훨씬 상식적이지 않은가. 또한 빈 건물이 많이 생겨서 사람들이 떠난 게 아니라, 그 지역에서 먹고 살기 힘들기 때문에 건물도 비었다는 게 더 자연스럽지 않은가.

이런 이유로 물리적 개선을 통해 인구를 끌어 모아야 한다는 주장은 설득력이 떨어진다. 인구를 유입시켜 경제를 활성화시켜야한다는 주장도 앞뒤가 바뀐 것이다. 함수에서 $y=f(x)$인 상황에서 $x=f(y)$로 놓고 문제를 풀면 엉뚱한 얘기밖에 할 수 없다. 하지만 이런 엉뚱한 이야기들이 해결책으로 등장하는 경우가 다반사다. '새로운 건물을 지어 인구를 유입시켜야 한다!'는 둥, '인구가 유입되어야 경제가 살아난다!'는 둥 하는 지자체 선전이 바로 그것이다. 쇠퇴의 근본 원인을 직시해야 한다. 문제는 경제다. 지역 경제가 몰락한 상태에서는 인구유입도 물리적 환경 개선도 이뤄질 수 없다.

쇠퇴도시 원인에 대한 학자들의 진단

쇠퇴도시를 분석한 학자들은 지방도시가 빠르게 쇠락하는 원인에 대해 다양한 진단을 내어놓았다. 이유는 무지하게 많지만, 주요한 것들만 추리면 이렇다.

- 한 시대를 풍미했던 제조업이 경쟁력을 잃었다.
- 지역에 자연자원이 많았는데 이제는 고갈되거나 수요가 없어 졌다.
- 미군부대가 다른 지역으로 이전했다.
- 교통망의 변화가 도시에 불리하게 작용했다.

위의 네 가지 원인들은 개별 도시들의 쇠퇴를 설명하는 그럴싸한 이유를 제공한다. 그럼 이런 설명에 부합하는 도시들은 어디일까? 이쯤에서 읽기를 멈추고 네 가지 원인들에 부합하는 도시들을 생각해보자. 각자의 도시 상식을 테스트해보는 것도 재미있을 것이다.

먼저 제조업의 쇠퇴로 어려움을 겪는 도시는? 앞서 본 디트로이트가 '제조업 쇠퇴 → 도시 쇠퇴'의 대표적인 예다. 디트로이트는 미국 자동차산업의 쇠퇴로 파산까지 갔다. 우리나라의 경우는 조선업의 불황으로 현재 큰 어려움을 겪고 있는 거제시가 좋은 예가 될 수 있다. 거제시는 조선造船의 도시, 즉 배를 만드는 도시이다. 총 26만 명의 거제시 인구 중 조선업에 종사하는 인구가 8만3000명이다. 이들이 거제시 전체 근로자 중에서 차지하는 비중은 80%를 넘는다. 불과 몇 해 전까지 거제시는 잘나가는 국내 도시 중 하나로 손꼽혔다. IMF 시기에도 거의 영향 받지 않았다. 물론 위기가 없었던 건 아니다. 2008년 글로벌 금융위기로 해상물동량이 급감하자, 선박에 대한 수요도 줄어들었다. 조선시장이 타격을 받았지만 우리 조선업계는 해양플랜트(바다에서 원유를 뽑을 때 사용하는 기지) 사업을 통해 위기를 돌파하려 했다. 처음에는 메이저 조선소들이 해양플랜트를 수주하며 승승장구하는 듯 보였다. 하지만 곧 유가가 하락하기 시작했고, 석유 시추 설비인 해양플랜트의 사업성도 급격히 악화되었다. 그리고 이는 거제시의 조선업 일자리에 큰 타격을 주었다.

필자는 2015년 초 한 세미나에서 앞으로 거제시가 쇠퇴도시의 대표적 사례가 될 수 있다고 강조한 적이 있다. 당시 거제시에 관한 통계는 이 도시가 사상 최대의 호황임을 보여주고 있었다. 거제시 조선업 종사인력이 사상 최대였으니 말이다. 그럼에도 거제시가 위험할 수 있다고 한 데는 나름의 이유가 있었다. 조선업이 조만간 어려워질 것이란 전망 때문이었다. 그런 전망이 현실화되면 거주민 대부분이 조선업과 관련되어 있는 거제시에 위기가 올 수밖에 없었다. 그러나 그때만 해도 발표를 듣던 청중들은 '그럴 수도 있겠지만… 설마 그럴까…' 하는 미심쩍은 표정이었다. 이후 1년이 채 지나지 않아 거제시의 문제가 언론에 오르내리기 시작했다. 생각보다 빨리 찾아온 거제시의 경기침체 소식에 필자 스스로도 놀랐다.

거제시의 상황은 생각보다 암울하다. 대형 조선소의 불황으로 2016년 한 해만 1만 명이 넘는 근로자가 일자리를 잃었다. 하청업체까지 감안하면 그 수는 3만 명에 달할 수 있다는 이야기도 나온다. 일자리가 줄어드니 사람들은 지갑을 닫았고, 부동산도 꽁꽁 얼어붙었다. 조선소 인근 원룸이나 오피스텔의 공실률이 50%가 넘기도 하고, 부동산 가격도 20% 이상 곤두박질쳤다. 앞으로 한국의 조선업이 재도약하고 거제에 다시 활기가 돌아올 수 있을까? 쉽지만은 않을 것이다. 중국도 조선업을 국가적으로 밀어주고 있고, 우리에게 주도권을 뺏겼던 일본도 전열을 가다듬고 있기 때문이다.

거제시는 최악의 상황에 대비해야 한다. 조선업이 쇠퇴해 도시가 황폐화될 수 있는 상황 말이다. 이 같은 경고는 거제시에만 국한되지 않는다. 거제시처럼 특정 산업의 집중도가 높은 지역은 경기 상황에 따른 부침이 클 수 있다. 1970년대부터 정부 주도의 중화학공업 육성책으로 거제를 비롯해 울산·포항·아산·당진·구미·여수·광양, 이렇게 8개 도시가 산업도시로 성장했다. 이 도시들 대부분은 특정 산업에 치우쳐 있다. 앞서 언급한 거제시도 그렇고, 포항시의 경우는 철강산업 종사자가 51%, 구미시는 전자통신 종사자가 53%, 여수시는 석유화학 종사자가 59%다.[1]

이렇게 특정 산업에 의존적이면 외부 환경의 변화에 민감할 수밖에 없다. 그 산업 종사자만의 문제에 그치지 않는다. 주변의 식당·미용실·극장·슈퍼·헬스장·제과점 등의 서비스업도 함께 침체를 겪으며, 딸린 식구들도 고통 받는다. 중추 산업이 위기를 맞으면 도시 전체가 한 방에 쓰러질 수 있다는 얘기다. 물론 우리 산업도시들을 과소평가하지 말라는 사람들도 많다. 반세기에 걸쳐 성장해온 우리 산업도시들에도 내공內功이란 게 있는데, 그리 쉽게 무너질 리 없다는 것이다. 하지만 최근 산업연구원에서 발표한 중국의 산업구조 고도화 실태에 관한 연구는 우리 산업도시들의 미래가 장밋빛만은 아님을 보여주고 있다. 이 연구에 따르면, 우리나라 주력산업의 품질과 기술경쟁력이 중국에 따라잡히는 데는 5년이 채 걸리지 않는다.[2]

유럽은 일본에게 조선산업의 주도권을 빼앗겼고, 일본이 뺏은 주도권은 우리나라로 넘어왔다. 하지만 앞으로는 우리도 중국에 밀릴 것이라는 시각이 일반적이다. 자동차 도시 디트로이트의 몰락은 일본 자동차산업의 약진에서 비롯되었다. 도요타자동차가 자리잡은 도요타시의 번성은 디트로이트시의 쇠락과 교차했다. 피츠버그도 일본과 한국의 철강산업 부상으로 큰 타격을 입으며, 1980년대부터 쇠락의 길을 걸었다. 피츠버그의 쇠락은 일본의 제철도시 기타큐슈와 포항의 번성과 맞물려 있다. 이처럼 산업 경쟁에서는 승자와 패자가 극명히 갈릴 수 있다. 특정 산업에 의존하고 있는

주력산업의 업종별 한·중 경쟁력 비교

		가격 2016년	가격 5년후	품질 2016년	품질 5년후	기술 2016년	기술 5년후	신산업대응 2016년	신산업대응 5년후
기계부문	자동차	120	110	80	90	85	95	90	95
	조선	115	105	80	85	80	85	75	85
	일반기계	120	115	85	90	80	90		95
소재및 생활산업 부문	철강	110	105	95	98	95	98	95	98
	석유화학	110	115	90	95	85	90	95	100
	섬유	120	115	83	90	88	93		95
	음식료	150	120	80	90	90	95	80	90
IT부문	가전	145	130	90	100	90	97.5	90	97.5
	통신기기	120	115	90	95	92	95	92	95
	디스플레이	95	98	90	95	80	85	85	85
	반도체	110	105	90	95	85	95	90	95

한국=100

도시에서 산업기능이 마비된다면 그 결과는 불을 보듯 뻔하다. 과거의 경험에서 알 수 있듯이, 산업의 쇠퇴는 준비되지 않은 상태에서 급속하게 발생했다. 이에 따른 도시의 쇠퇴도 급속히 일어난단 뜻이다. 울산·포항·거제·아산·당진·구미·여수·광양 등의 도시들도 산업의 쇠퇴를 예상하고 그것이 가져올 수 있는 미래에 대비해야 한다.

이 산업도시들이 채택할 수 있는 전략은 상황에 따라 여러 가지가 있다. 미국 학계[3]에서는 산업과 일자리의 쇠퇴를 경험한 도시들의 생존전략을 다음과 같이 제시했었다. 먼저 '손떼기 전략bowing out'이다. 첨단기술산업이나 신기술산업, 서비스산업 등을 도입하면서 기존의 제조업을 자연사시키는 것이다. 이를 위해서는 외부에서 기업을 유치하고 새로운 기술을 받아들여야 한다.* 전통적 제조업의 쇠퇴와 시설의 노후화로 인해 어찌 해볼 도리가 없다고 판단될 경우에 사용할 수 있는 전략이다. 둘째는 '절감 전략bidding down'이다. 이 전략은 기존의 산업을 포기하지 않고 '비용의 절감'을 통해서 경쟁력을 높이는 방식이다. 전통적 제조업은 노동 관련 비용이 매우 높은 비중을 차지한다. 그래서 경쟁력을 확보하기 위한 수단으로 노동비용의 절감을 꾀한다. 종종 임금이 삭감되기도 하고, 근로자의 복지혜택이 축소되기도 한다. 셋째는 '보존 전략betting on the basics'이다. 이는 다른 지역의 동종 산업에 밀려서 경쟁력을 상실한 경우에 택할 수 있는 방안이다. 지역산업의 고유한 특수성이 있는 만큼, 이를 더욱 살려 경쟁력을 확보하는 것이다.** 어떠한 전략이 최선인지는 정해지지 않았다. 지금부터라도 쇠퇴에 직면한 산업도시들이 이에 대해 머리를 맞대고 논의하지 않으면 안 된다.

두번째 문제로 넘어가 보자. 자연자원의 고갈로 어려움을 겪은

● 미국의 피츠버그는 철강산업에서 첨단산업 및 서비스업으로의 전환에 성공한 대표적인 경우로 통한다. 손떼기 전략을 택한 피츠버그는 한때 미국 철강의 절반, 유리제품의 1/3을 생산하는 대표적인 공업도시였다. 미국의 철강업계는 일본과 한국이 철강업 육성에 박차를 가하기 시작하면서부터 꺾어지기 시작했다. 철강업의 쇠퇴에 따라 일자리도 급격히 감소했다.

●● 반면에 자동차산업의 쇠퇴로 어려움을 겪은 디트로이트는 기존 산업 고도화 전략을 취했다. 보존전략을 택한 것이다. 하지만 이 전략은 먹혀들지 않았다. 디트로이트는 재활성화에 실패했고 지금도 인구감소를 겪고 있다.

도시는? 혹은 자연자원의 경제성이 떨어져 성장동력을 상실한 도시는? 과거에 번성했던 탄광도시들이 쉽게 떠오를 것이다. 대표적으로 태백시·문경시·삼척시·정선군이 있다. 이 지역들은 석탄산업의 사양화로 급속한 인구유출을 경험했다. 석탄산업이 발달한 도시를 방문할 때마다 듣는 소리가 있다. 잘 나갔던 시절에는 "지나가는 개도 만 원짜리 지폐를 물고 다녔다"는 것이다. 그만큼 도시가 전성기에는 대단했다는 표현이다. 실제로 우리나라 탄광도시들은 1960~1970년대의 경제개발과 맞물려 비약적인 발전을 한다. 난방연료로 그리고 화력발전 원료로 석탄이 많이 필요한 시절이었다. 1970년대 두 번이나 찾아왔던 오일쇼크(원유가격의 급등)는 석탄의 가치를 더욱 높였다.

하지만 1980년대에 들어 에너지 자원으로서의 석탄은 매력을 급속히 잃어갔다. 석유 가격은 빠르게 내린 반면 석탄의 가격은 꾸준히 올랐기 때문이다. 또한 원자력 등의 대체에너지가 가격경쟁력을 얻어가고 있는 상황에서 채굴비용 대비 석탄의 활용도는 떨어질 수밖에 없었다. 1989년부터 정부는 석탄산업에 강력한 구조조정을 단행했다. 석탄산업합리화 정책에 따라 채산성이 낮고 영세한 탄광들을 폐쇄했다. 이 정책이 시행된 첫 해 태백에선 16개의 탄광이 문을 닫았다. 그리고 10년간 탄광의 폐쇄는 계속되었고, 인구는 같은 기간 11만5000명에서 4만5000명으로 줄었다. 2명 중 1명이 넘게 짐을 싸서 떠난 것이다. 이제 태백시가 가진 '시市' 타이틀이 무색한 상황이다.

태백시는 자연자원으로 먹고 살았던 도시의 흥망을 극명하게

#어서 와, 여수는 처음이지?
#여수의 흔한 개

보여준다. 자연자원으로 번성했던 도시는 탄광도시만이 아니다. 수산자원이 풍부한 항구도시들도 비슷한 흥망을 겪었다. 여수의 전성기를 회상하는 사람들도 탄광도시 사람들처럼 "한때는 지나가는 개도 만 원짜리 지폐를 물고 다녔다"고 말하곤 했다. 아마 부유한 동네의 개들은 만 원짜리 지폐를 물고 다니는 게 일반적인가보다. 하지만 전성기의 여수를 지칭하는 독특한 표현도 있다. "여수 가서 돈 자랑하지 마라!"는 것이다. 그만큼 여수에 돈이 넘쳐났다는 얘기다. 이런 부유함의 배경에는 바로 수산업이 있었다. 여수 앞 바다에는 고기가 넘쳐났고, 고기잡이 배는 항상 만선으로 돌아왔다. "쥐포를 팔아 학교를 보낸다"라는 말이 나돌 정도로 수산물 가공업도 큰 비중을 차지했다.

이런 행복한 얘기는 딱 1980년대까지만이다. 아마도 버스커 버스커가 부른 노래의 한 구절, "여수 밤바다 조명에 담긴 아름다운 얘기가 있어 네게 들려주고픈" 이야기는 전성기 시절 여수 바다에 대한 이야기인지도 모르겠다. 이런 여수의 명성은 '잡는 어업'에서 '기르는 어업'으로 전환됨과 동시에 사그라지기 시작했다. 지구온난화 등으로 인한 어획고의 감소로 여수 어민들의 소득은 빠르게 줄었으며, 여수의 경제도 쇠퇴했다. 수산업의 쇠퇴로 영향을 받은 도시는 여수 외에도 많다. 특히 우리나라의 동쪽 항구인 동해시 묵호항, 강릉시 주문진항, 삼척시 정라진항을 둘러보면 수산업 쇠퇴의 영향을 몸소 느낄 수 있다.

이제 세번째 테스트 질문이다. 미군부대의 이전으로 어려움을 겪는 도시는 어딜까? 가장 대표적인 도시가 동두천시이다. 동두천시는 의정부시와 더불어 일반인들에게 '미군' 또는 '미군부대'와 묶여서 연상되는 곳이다. 경기도의 북쪽에 위치한 도시로, 서울의 중심부(시청 기준)와는 약 50 km 정도 떨어져 있다. 동두천시가 북쪽으로부터의 침입에 대응하고 서울을 방어해야 하는 군사전략의 요충지라 미군부대가 위치해 있다. 이곳 미군은 한국전쟁 이후부터 지금까지 60년이 넘게 주둔해왔다. 시 전체 면적의 43%가 미군에게 공여되었고(400만 평이 넘는 캠프 케이시와 캠프 호비를 비롯해 6만 평 정도의 캠프 캐슬, 캠프 모빌, 캠프 님블 등의 미군부대가 자리잡고 있다), 한창 미군이 많았을 때는 2만 명 이상이 머물렀다. 이는 동북아 도시 중 최대 규모로 알려져 있다. 이런 상황에서 동두천의 경제는 미군을 중심으로 발달할 수밖에 없었다.

과거 10년간 동두천시는 그 어느 때보다 빠른 도시의 쇠퇴를 경험해왔다. 2004년을 전후해 발생한 이라크전쟁(제2차 걸프전쟁) 때문에 동두천시에 있던 상당수의 미군 병력이 이라크로 파병되었다. 한때 2만 명에 달하던 미군은 1/4 수준으로 줄어들었다. 미군들을 상대로 장사하던 상점들뿐만 아니라 임대 사업자들이 큰 타격을 입었다. 실제로 동두천시의 산업통계 자료를 들여다보면, 서비스산업의 쇠퇴현상이 두드러지게 나타나고 있다.

동두천시의 경제는 애초부터 제조업이 크게 고려되지 못했다. 미군부대가 압도적인 비중을 차지하는 탓에 가용지가 많지 않은 상황에서 제조업 입지지역으로서는 매력이 떨어졌던 것이다. 자연스레 미군 상대의 소비성 산업에 기초한 경제가 발달되었다. 관광특구로 지정된 보산역 인근 외국인 지역은 동두천에서 가장 번화한 곳 중의 하나로 양복점·음식점·클럽 등이 모여 있다. 미군들은 고국에 가기 전에 양복을 두세 벌씩 맞추어갔다. 양복은 불티나게 팔렸고, 양복점은 언제나 호황이었다. 타향에서 고향의 입맛을 되찾아주었던 음식점, 마시고 흔들며 연애상대를 찾았던 클럽 등은 북적임이 끊이지 않았다. 하지만 지금은 번성의 흔적을 찾아보기 힘들다. 외국인 지역에서 남쪽으로 걸어 내려가면 양키시장과 집창촌을 만나게 된다. 이 또한 미군으로 인해 한때 크게 북적이던 곳이었지만, 지금은 스산한 공기로 가득 차 있다. 산업도시의 쇠퇴가 '산업의 쇠퇴 → 일자리 감소 → 소비 감소 → 상권 쇠퇴'의 흐름으로 이어지듯, 미국부대 축소가 상권과 도시를 쇠퇴시킨 것이다.

일자리의 감소에도 불구하고 동두천시에 희망이 없는 건 아니다. 2004년에 미군기지를 평택으로 옮기는 계획이 발표되었기 때문이다. 이 계획을 접한 동두천 시민들은 또 다른 꿈에 부풀었다. 그동안 미군기지로 이용되었던 부지가 반환되면서 새로운 개발이 이루어질 수 있기 때문이다. 동두천시는 캠프 님불에는 대학교 캠퍼스를 조성할 계획이라고 밝혔다. 한국서부발전과 삼성물산은 캠프 호비 외곽 부지에 1조3000억 원을 들여 LNG복합화력발전소를 건립한다고 발표했다. 또한 짐볼스 훈련장에는 대규모 복합레저스포츠단지를 개발한다며 민자사업의 공모도 발표했다. 당시 경기도 지사도 경기도립대학을 동두천에 설립하려 했으며, 통일과 관련된 각종 대학의 설치도 검토되었다.

그렇게 주민들의 꿈이 부풀어가는 동안에도 동두천시의 경제는 지속적으로 쇠퇴해갔다. 2006년 말에는 지하철 1호선의 의정부-소요산역 구간이 개통되면서, 설상가상으로 동두천의 미군들이 서울의 이태원·용산·강남으로 나가는 일이 잦아졌다. 동두천의 상권은 더욱 위축되었다. 그래도 교통이 좋아진다는 것, 이건 도시의 발전을 위해 불가결한 것이라 생각했다. 그러나 잠시만 참으면 장밋빛 미래가 펼쳐질 것이라 믿었던 동두천 시민에게 청천벽력의 소식이 전해졌다. 바로 2014년 10월 동두천 미군기지 이전을 2020년까지 연기한다는 정부의 발표였다. 동두천 시민들은 공황상태에 빠졌다. 미군들이 머물면 과거처럼 이들을 대상으로 경제활동을 할 수 있는 것이고, 미군이 떠나면 이에 맞는 발전계획을 세우면 된다. '떠나긴 떠나되, 당장은 아니다!'라는 애매한 상황은 동두천을 천천히 고사시킬 수 있는 최악의 시나리오인 것이다.

이제 네번째 경우에 대한 문제를 풀어볼 차례이다. 교통망의 변화로 인해 어려움을 겪고 있는 도시는 어디일까? 이 경우는 두 가지로 나누어 살펴볼 수 있다. 먼저 수상 교통망이 육상 교통망으로 전환되면서 쇠퇴한 도시의 경우로 나주시를 들 수 있겠다. 나주시는 삼한시대에는 마한에, 삼국시대에는 백제에 속한 땅으로, 통일신라 때 '나주'라 칭해졌다고 한다. 나주시는 서해의 해산물과 나주평야의 곡물이 모이는 물산교류지로서, 고려시대 이후 호남의 중심 도시로 성장한다. 나주시는 12목*의 큰 도시 중 하나였는데, 정3품의 목사牧使를 두어 여러 고을을 관리할 정도로 중요성이 컸다.(참고로 이름이 '주'로 끝나는 도시들은 과거 잘 나갔던 도시들이 많다.) 나주의 옛 영화를 느낄 수 있는 곳이 나주 중심부에 위치한 금성관이다. 이 금성관은 객사(외국 사신이나 중앙의 관리, 다른 지방에서 온 벼슬아치를 묵게 하거나 연회를 베풀어 대접하던 장소)로 사용되던 곳으로 조선시대 나주목사 이유인이 세웠다고 한다. 금성관의 큰 규모는 조선시대 나주의 중요성을 가늠하게 한다.

영산강을 끼고 있는 나주는 전라남도 교통의 중심이었다. 영산강을 올라가면 광주에 도달하고, 이 강을 따라 남쪽으로 내려가면 목포로 이어진다. 이처럼 영산강은 광주-나주-목포를 연결해주는 수상 교통망의 역할을 했다. 특히 나주 영산포는 예로부터 서해안에서 잡힌 해산물을 내륙으로 연결해주는 곳이었다. 또한 나주평야의 비옥한 토지에서 생산된 곡물들을 주변 도시에 배급하는 중요한 역할을 했다. 나주가 전남지역에서 중심성을 잃기 시작한 건 육상 교통의 발달로 인해 영산강의 수로가 그 중요성을 잃기 시작하면서부터이다. 1960년대에 20만 명이 넘게 살던 도시가 1990년에 15만 명으로 줄고, 2014년에는 9만 명 아래로 내려갔다.**

다음으로, 도로(혹은 철도)가 연결되어 주민 상당수가 인근의 큰 도시로 빠져나간 경우가 있다. 대표적인 예가 남원시이다. 나주시

● 고려시대의 중심 도시로 양주·광주·충주·청주·공주·진주·상주·전주·나주·승주·해주·황주였다.

●● 최근에는 광주전남공동혁신도시(나주 혁신도시)의 인구증가로 인구 11만 명을 회복한 상태이긴 하다.

가 영산강의 수상 교통망을 통해 성장했던 것처럼, 남원시 또한 섬진강의 강줄기를 이용해 교통의 중심지로 성장했다. 1965년에는 인구가 18만5000명일 정도로 규모가 컸던 도시다. 하지만 남원의 인구는 1970년대 말부터 내리막길을 걷기 시작한다.[4] 특히 1984년에 개통된 88올림픽고속도로는 남원과 광주를 하나의 생활권으로 묶어놓았다. 1987년 2차선에서 4차선으로 확장된 전주-남원 국도도 남원과 전주를 더욱 가깝게 만들었다. 교통의 발달로 남원시는 전주·광주와 하나의 생활권이 되었고, 남원시 주민들은 관광·문화·교육·쇼핑 등의 여러 활동들을 인근 대도시에서 할 수 있게 되었다. 이뿐만이 아니다. 남원시의 공무원과 직장인들은 전주나 광주에서 출퇴근하기 시작했다. 젊은이들은 일자리를 찾아 서울이나 인근의 광주·전주로 떠났다. 교통망의 개선이 인구유출을 심화시킨 것이다. 한때 인구 20만 명을 넘봤던 남원시의 현재 인구는 8만7000명 정도다.

중소도시가 경쟁력을 잃어가는 상황에서 대도시-중소도시 간 고속 교통수단의 개통은 중소도시에 치명타를 입히기도 한다. 남원시의 쇠퇴는 중소도시의 인구가 대도시로 흡수되는 전형적인 예다. 컵에 빨대를 꽂고 음료수를 쪽 빨아들이듯, 철도와 도로 등의 고속교통망이 빨대로 작용해 대도시가 중소도시의 경제활동을 흡수해버리는 '빨대효과'가 나타난 것이다. 이런 예는 여러 곳에서 볼 수 있다. 앞서의 동두천도 이 경우에 해당한다. 2007년 복선전철(경원선)의 개통으로 미군들의 여가활동 공간은 동두천이 아닌 이태원과 용산이 되어버렸다. 강원도 춘천시의 경우도 마찬가지다.

중소시
아메리카노
한 잔 주세요.

실업 많이
넣어주세요.

#일자리는 대도시로
#깡으로 빨대효과

2009년 개통된 서울-춘천 고속도로는 서울과 춘천을 한층 더 가깝게 만들었고, 2012년 ITX-청춘열차의 개통 후 춘천은 수도권의 일부로 변하고 있다. 이제 춘천에서 서울은 1시간 정도 거리다. 춘천에서 서울로 통학하는 학생들이 많아졌고, 서울에서 춘천으로 통학하는 학생들 또한 크게 증가했다. 강원대학교와 한림대학교 등 대학 주변의 자취생들은 30%나 감소했다. 학생들이 머물러 있질 않으니 대학가 상권도 쇠퇴하기 시작했다.[5]

물론 관광객은 크게 늘었다. 춘천시의 관광객은 한 해 평균 1000만 명이 넘는다. 하지만 춘천시민들은 지역상권이 오히려 과거보다 못하다고 느낀다. 춘천시 명동 지하상가에서 옷 장사를 하는 한 시민의 말이다. "수도권과 가까워지는 게 좋은 것만은 아니네요. 닭갈비 막국수 업소는 좋을지 몰라도 옷 가게들은 파리만 날리고 있어요."[6] 수도권과의 연결이 관광객을 대상으로 한 업종에는 득이 되지만, 주민들을 대상으로 한 업종에는 큰 메리트를 가지지 못한다는 이야기다.

다만 춘천의 경우는 고속교통의 발달이 중소도시의 침체를 야기하는 빨대효과만이 아니라, 대도시의 수요가 중소도시로 이전되는 분산효과도 같이 나타나고 있다. 관광객이 증가한 것도 그 효과로 볼 수 있다. 1995년 23만 명 정도였던 춘천의 인구는 20년이 지난 현재 29만 명에 육박하고 있다. 주변 군 지역의 인구를 흡수했기 때문이기도 하지만, 수도권과의 빨대효과와 분산효과가 적절한 균형을 이루어왔기 때문이다. 하지만 이는 특수한 경우이다. 대부분의 지방 중소도시들에서는 분산효과에 비해 빨대효과가 더 크게 나타나고 있다. 이유는 간단하다. 대도시가 제공하는 문화·교육·쇼핑의 기회가 중소도시와는 비교가 되지 않기 때문이다. 도시 간 경쟁에서 다윗이 골리앗을 이기기는 너무나 힘들다.

도시 쇠퇴의 진정한 원인은 일자리!

지금까지 학계에서 논의되고 있는 도시 쇠퇴의 원인들에 대해 설명했다. 제조업의 쇠퇴, 자연자원의 고갈, 미군부대의 이전, 교통망의 발달. 그런데 이러한 원인들을 조금 더 자세히 들여다보면, 공통적인 특징을 발견할 수 있다. 인구유출의 원인은 결국 깔때기처럼 하나로 수렴한다. 바로 '일자리가 없어지기' 때문이다. 아니면 '다른 도시에 더 좋은 일자리의 기회가 있기' 때문이다.

다시 한 번 강조하건대, 도시가 쇠퇴하는 근본적인 이유는 '주민들이 떠나기 때문'이 아니다. 또한 '물리적으로 노후화되기 때문'은 더더욱 아니다. 일자리가 없어지기 때문이다. 일자리가 늘어나 돈 벌 기회가 생기면 사람이 모이고, 사람이 모여서 먹고살 만해지면 건물 치장에도 신경을 쓰고, 또 건물을 치장하면 장사도 잘되고… 경제적 쇠퇴와 인구적 쇠퇴, 물리적 쇠퇴는 서로 맞물려 돌지만 그 시작점은 경제적 쇠퇴다. 경제적 쇠퇴가 인구적 쇠퇴와 물리적 쇠퇴를 유발한다는 점이 중요하다. 그러니 도시정책에서 외부의 인구를 유입하기 위해 대규모 아파트를 공급하는 정책은 전혀 유효하지 않다. 또한 도시의 매력도를 높이기 위해 오래된 건물을 업그레이드하는 노력 또한 헛수고로 돌아갈 가능성이 크다.

쇠퇴한 지역의 현실이 알려주는 근본적인 해결책은 '문제는 경제야, 이 바보야!It's the economy, stupid!'였다. 1992년 대선에서 클린턴이 조지 부시를 이기기 위해 사용했던 이 자극적 문구는, 먹고 사는 문제는 생존과 직결될 뿐만 아니라 정부가 해결해야 할 가장 근본적 문제임을 강조한다. 사람들의 인심이 팍팍해지고, 동네 곳곳에 낙서가 늘어나고, 노인 비율이 높아지는 현상 모두가 먹고 살기 힘들기 때문이다.

도시 쇠퇴의 이유가 이러한데, 우리의 재생사업은 그 '원인'과 '결과'에 대한 이해가 그리 높지 않은 듯하다. 2013년 말에 시행된 '도시재생 활성화 및 지원에 관한 특별법'(약칭 '도시재생법')은는 근린재생형 도시재생에 대해 설명하고 있다. 여기서 '근린재생형 사업'이란 생활권 단위의 생활환경 개선, 기초생활 인프라 확충, 공동체 활성화, 골목경제 살리기 등의 내용을 포함하는 기존 '마을 만들기' 사업의 확대 버전이다. 이 사업을 '지역 깨끗하게 만들기'와 '깨어진 공동체 복구하기' 사업으로 착각하고 있는 이들도 많다. 그러니 낡은 주택의 지붕도 개량하고, 벽화도 칠하고, 예술 활동도 활성화해야 한다고 여긴다. 그리고 지역주민들끼리 끈끈하게 뭉쳐서 공동체를 강화해야 한다고 주장한다.

하지만 잘 생각해보자. 우리가 살려야 하는 지방도시는 '먹고 살기 힘들어서' 인구가 감소하는 지역이다. 이런 마을에 담장벽화를 그린다고 경제가 살아나겠는가? 쓰러져가는 주택의 지붕을 고친다고 지역사정이 나아지겠는가? 사람도 마찬가지다. 먹고 살기에 바쁜 가난한 사람들은 외모에 크게 신경 쓰지 못한다. 이런 사람들에게 때깔 좋은 옷을 입힌다 한들 그 말쑥함이 오래가지 못한다. 노후된 주택도 마찬가지다. 낡은 회색 담벼락에 페인트칠을 하고 호랑이와 까치 그림을 그려 넣는다고 해서 지역이 살아나는 건 아니다. 시간이 지나면 더 흉물스럽게 변한 호랑이와 까치만 남기 십상이다. 일자리가 없는 가난한 지역에서의 공동체 활성화 계획은 어떠한가? 배가 고파 하루하루를 어떻게 견딜지를 고민하는 사람에게, 자식 등록금 걱정에 밤잠을 설치는 이들에게 '서로서로 돕고 살면 세상은 아름다워진다'고 덕담하는 것과 같다.

물론 일자리 창출도 추진되고 있다. 하지만 지방 중소도시 일자리 정책 중 효과가 있어 보이는 건 그리 많지 않다. 도심지 재생사업에는 쇠퇴해가는 전통시장을 지원해주는 종류가 빠지지 않는다. 전통시장 가게 간판을 바꿔주고, 시장의 지붕 역할을 하는 아케이드도 설치해주곤 한다. 하지만 이 또한 효과가 그리 크지 않다.(물론 그것도 지원을 안 했으면 지금쯤 전통시장이 더 어려워졌을 수도 있다!) 이런 조치를 통해 상인들의 일자리가 쉽사리 늘어날 거라 생각하면 큰 착각이다. 상가 일자리는 서비스업에 기반한 일자리다. 서비스업의 성장은 제조업의 성장과 맞물려 있다. 제조업이 성장하면 서비스업도 커질 수 있지만, 서비스업이 커진다고 제조업이 성장하진 않는다. 시장을 깔끔하게 단장하면 뭐하나, 돈 없는 사람들은 물건을 살 수 없는데.

쇠퇴해가는 도시의 시장 골목에 예술조형물을 설치하고 조명을 설치한 분수에서 형형색색의 물이 뿜어져 나와도 사람들이 찾아오지 않는 가장 근본적인 이유는, 시장에 와서 돈을 쓸 사람의 수 자체가 줄어들고 있기 때문이다. 시장에서 쓸 돈이 생기도록 사람들에게 일자리를 마련해줘야 시장이 활성화되는 것이지, 시장만 지원해준다고 활성화가 되는 것이 아니다. 지붕 개량, 담장 벽화, 전통시장 아케이드 설치 등의 노력들이 전혀 의미가 없다고 말하는 건 아니다. 당연히 안 하는 것보다는 더 나을 것이다. 하지만 근본적인 문제를 건드리지 않는다면 지방은 쇠락의 길에서 결코 벗어나지 못한다. 쇠퇴 현상의 핵심에 있는 경제 문제를 제대로 인식하지 않으면, 우리에게 닥칠 결과는 딱 하나다. 그건 바로 끝도 없는 예산 낭비다.

2부
지방의 쇠퇴 방지 노력,
모든 것이 헛되도다!

3장

'지방 쇠퇴'라는 블랙홀

저성장의 메가트렌드, 악전고투하는 지방도시

'저성장'과 '고령화'라는 메가트렌드mega trend가 우리 사회를 뒤덮고 있다. 신문과 방송에선 잊을 만하면 한 번씩 저성장과 고령화라는 괴물에 대해 말하지만 일반인들에겐 성장이 더뎌진다는 것, 그리고 인구가 늙어간다는 것의 의미가 깊게 와 닿지 않는다. 그냥 뭔가 나쁜 일이 생길 거란 막연한 느낌만 있을 뿐이다. 고도성장과 인구증가에 익숙했던 우리에겐 그저 실체 없는 공포처럼 스산하기만하다.

스멀스멀 다가오는 저성장과 고령화 추세는 우리의 국토공간을 새롭게 재편하고 있다. 지방 중소도시에 더욱 불리한 쪽으로 말이다. 왜일까?

우선 저성장 추세부터 살펴보자. 우리나라는 2%대 저성장의 터널에 진입했다. IMF 구제금융 사태를 극복한 직후에는 10%도 넘었던 경제성장률이 확 줄어든 것이다. 한국은행은 2017년 경제성장률을 2.5%로 예상했다. 매우 급격한 감소다. 불과 20년도 지나지 않아 우리 경제는 활력을 잃었다. 이런 저성장 국면으로의 진입 속도는 다른 선진국들에 비해 매우 빠르다. 저성장의 늪에 빠져 허우적대고 있는 일본 경제를 꼭 빼닮았다는 우려의 목소리도 여기저기서 들린다.

수출은 지속적으로 하락했고 소비감소도 이어지고 있다. 사람은 늘지 않고 노인인구가 증가하니 소비가 줄어드는 건 당연하다. 소비가 저조하니 경제도 활력을 잃는다. 저성장의 또 다른 원인으로 기업의 투자부진과 산업구조조정 실패 등이 거론되기도 한다. 이런 산업적 요인은 세계경제의 침체와 맞물려 있다. 2009년 글로벌 금융위기 이후 세계경제는 아직 회복되지 않고 있다. 전세계적인 소비침체는 수출이 GDP의 40%를 차지하는 우리나라 경제에 악영향을 주고 있다.

이런 저성장 기조는 지방과 수도권, 대도시와 중소도시를 가리지 않고 모두에게 영향을 미치지만, 특히 지방의 중소도시들에 더욱 불리하게 작용한다. 이유는 바로 불안감에서 비롯되는 '효율성 추구' 트렌드 때문이다. 효율성 추구란 경제성장률을 높이기 위해 부족한 자원을 가장 효율이 높은 곳에 투입하는 행위이다. 달리 말해, 성장 가능성이 높은 곳을 선택하고 집중적으로 투자하는 것이다. '선택과 집중'의 효율성 추구 트렌드는 전반적인 '고속성장 → 저속성장'의 변화 속에 더욱 강하게 굳어지고 있다. 이 흐름은 더 이상의 성장동력을 찾기 어려워진 우리 사회의 불안감을 반영하는 것이다. 인구는 줄어드는데 고령층은 늘어 성장이 더뎌진 시대에는 예전만큼 수익을 내기가 힘들어진다. 수익이 떨어지면 사람들은 기존의 상태를 유지하려 전력투구한다. 그러면서 나타난 현상이 '확실한 곳에만 투자한다!'이다.

'선택과 집중'의 효율성 추구는 국토공간에도 그대로 나타났다. 공간적으로 효율성을 높이는 행위는 '더 싹수가 있는 지역에 투자'하는 것이다. 성장 가능성이 그나마 있는 수도권을 비롯한 대도시에 더 많은 투자가 이어졌다. 그래서 대도시는 그럭저럭 버티고 있지만, 중소도시는 경기 침체의 끝이 보이지 않는다. 도시 간 일자리의 재편도 '비용 대비 효율을 극대화'하는 쪽으로 이루어진다. 인력을 줄여야 하는 상황에서, 경영자들은 대도시보다 중소도시의 일자리를 더 빨리 줄였다. 중소도시는 인력 수급이 어렵고, 유관 산업도 많지 않기 때문이다. 산업도 싹수가 보이는 곳으로 이동하고, 이에 따라 인구도 지방에서 빠져나갔다. 이렇듯 저성장의 파고는 지방 중소도시들부터 위기로 몰아넣는다.

저성장의 물살 속에서도 '상대적으로' 잘 버티는 도시들은 젊은 인구를 지속적으로 받아들인다. 이렇게 선택받은 곳들은 수도권을 포함한 대도시들이다. 서울 인구가 줄어드는 것을 보며, 대도시 인구도 감소한다고 주장하는 사람도 있다. 서울의 경우, 1988년 1000만 명을 넘어선 이후 28년 만에 1000만 명 아래로 떨어졌다. 이런 인구감소는 세종시 개발, 혁신도시로의 공공기관 이전 등 중앙정부의 정책에 기인한 측면도 있다. 하지만 이보다 더 큰 요인은 주거비 부담으로 인해 경기도로 밀려나가는 인구가 많았기 때문이다. 따라서 서울 인구는 감소한 게 아니라 주변으로 확산되었다고 볼 수 있다. 그러니 단순히 서울의 인구감소를 보며 대도시가 매력을 잃고 있다고 생각하면 안 된다. 중소도시의 인구이동과는 근본적으로 다른 셈이다. 중소도시의 인구감소는 일자리와 교육의 기회를 찾아 젊은이들이 대도시로 떠나는 것이며, 대도시의 인구재편은 그 기회에서 멀어지지 않기 위해 주변으로 확산되는 것이다.

고속 성장기에도 대도시는 선망의 대상이었다. 일자리, 그리고 계층상승의 기회가 있는 곳이었다. 1960년대 이후의 초고속 발전 시기에는 선택과 집중을 통해 경제의 '파이pie'를 키워나간다는 논리가 먹혔다. 대도시는 성장의 견인차 역할을 했고, 국가 전체의 물질적 부가 커져갔다. 물론 지역간 불균형에 대한 불만이 존재했다. 지방 중소도시들은 '왜 잘 나가는 지역이 더 많이 가져야 하는지' 불만을 품었다. 그래서 정부에 더 많은 투자를 호소했고, 균형발전을 주장했다. 하지만 저성장 사회에서는 '파이' 자체가 커지지 않는다. 그러니 이제는 대도시가 몫을 더 가져가면 중소도시의 몫이 줄어드는 제로섬 현상이 나타난다. 이제 '대도시가 왜 더 가져야 하는지'에 대한 불만은 '가진 걸 잃을지도 모른다'는 불안으로 바뀌어가고 있다.

그뿐만이 아니다. 최근 씨티은행은 지점의 80%를 폐쇄한다고 밝혔다. 이 은행은 이미 2013~2014년 구조조정을 통해 약 200개의 영업점을 120개로 축소한 바 있다. 씨티은행은 "금융거래를 분석한 결과 95% 이상이 은행 영업점 외 비대면 채널에서 이뤄지는 상황"이라고 설명하면서 점포를 25개로 축소한다고 했다. 인터넷 은행이 승승장구하는 상황이 점포 폐쇄의 이유라는 설명이다.[1] 하지만 실상 씨티은행의 점포 폐쇄는 수익에 도움이 되지 않는 고객을 밀어내는 디마케팅demarketing 전략이다. '돈 안 되는 지역' 점포를 중심으로 폐쇄를 할 예정인데, 살아남은 25개의 점포 중 21개는 수도권에, 4개만이 지방에 위치하고 있다. 이러한 디마케팅 전략은 지금까지 은행이 가졌던 공공성을 약화시키고 있다. 과거 은행은 부자 동네와 가난한 동네를 가리지 않고 골고루 퍼져서 금융서비스를 제공했으며, 농어촌지역과 도서지역에도 쉽게 찾을 수 있었다. 하지만 앞으로는 가난한 지역에 사는 사람들은 은행에 찾아가기 힘들어질 것이다.

반대로 우체국 같은 정부기관은 여전히 보편적 서비스를 핵심 가치로 삼고 있다. 우체국은 시중은행처럼 금융서비스도 하는데, 우체국의 본질이라 할 수 있는 우편서비스가 점차 골칫덩이가 되고 있다. 이메일, 모바일 메신저 등의 확산으로 우편물량이 급감했기 때문이다. 2011년부터 우편사업은 적자로 돌아섰으며, 적자폭은 2016년 현재 674억 원에 이를 정도다. 대부분의 적자는 교통접근성이 낮은 지방 중소도시에서 발생하고 있다. 하지만 지방 중소도시의 우체국을 파격적(?)으로 정리할 순 없다. 우체국은 우리 국민이면 누구나 우편서비스를 받아야 한다는 명분에서 정부가 운영하는 것이기 때문이다. 2006년 3664곳이었던 우체국이 2016년에는 3497곳으로, 10년간 고작 4.5%의 우체국만이 문을 닫았다. 이들도 인근지역 우체국으로 통폐합되거나 출장소로 전환되었기 때문에, 완전히 문을 닫았다고 볼 수만은 없다. 계속되는 적자에 우정사업본부는 우편요금을 270원에서 300원으로 올렸다. 하지만 30원 인상은 언 발에 오줌 누는 격일 뿐이다. 앞으로도 우편서비스 사업에서의 적자는 계속될 것이다. 지방 중소도시에서의 채산성이 더욱 낮아질 것으로 예상되기 때문이다.

씨티은행과 우체국의 예는 저성장의 어두운 그림자를 보여주고 있다. 돈 안 되는 지방 중소도시의 점포를 문 닫으면 비난이 쇄도하겠지만, 비난이 두려워 철수하지 않으면 큰 폭의 적자를 감내해야 한다. 이런 경우의 예는 끝도 없이 많다.

지방에서는 병원도 무너져간다. 산부인과의 지방 탈출이 특히 심하다. 수익성이 보장되지 않기 때문이다. 그래서 아이를 낳다가 숨지는 산모의 비율(모성사망비)도 매우 높은데, 출생아 10만 명당 11.5명 정도로 OECD국가 평균(6.4명)의 2배나 된다.[2] 특히 지방에서 이 수치가 높게 나타난다. 서울은 3.2명으로 OECD 평균의 절반이지만, 제주는 16.7명, 경북은 16.2명으로 엄청 높다. 심지어 두메산골이 많은 강원도는 32명을 기록하고 있다.[3] 이는 중국과 비슷한 수준이며, 스리랑카보다 높은 수치다.

산모의 사망률이 높은 이유는 간단하다. 인근에 분만실이 없기 때문이다. 분만을 맡을 수 있는 의사들의 약 44%가 서울과 경기지역에, 약 8.4%가 부산지역에 분포하고 있다.[4] 나머지도 거의 대도시 지역에 분포해 있다. 구례군에서 산부인과를 가려면 광주나 순천까지 이동해야 한다. 진통과 싸우며 승용차로 1∼2시간을 가야 하는 것이다.[5] 출산하러 가다 승용차에서 아이를 낳는 경우도 많다.

정부는 가임여성의 비율이 30% 이상이면서, 1시간 이상 떨어진 분만의료기관을 이용해야 하는 경우가 70% 이상인 시·군을 '분만취약지'로 지정했는데, 전국에 37곳에 달한다.

이렇게 지방 중소도시에서는 생활편의시설들이 빠르게 붕괴되어가고 있다. 저성장 기조가 만들어낸 인구의 유출은 민간과 공공 모두에서 각종 생활서비스의 비용 상승을 가져왔다. 이제 은행도 빠져나가고 병원도 사라져간다. 학교도 문을 닫고 있다. 웨딩홀도 빠르게 줄어든다. 하지만 정부가 손을 뗄 순 없다. 시골 한구석 아무리 쪼그만 지역이라도 최소한의 공공서비스는 제공되어야 하기 때문이다. 저성장 시대에 인구와 산업의 대도시 쏠림현상이 더욱 강화되는 만큼, 지방소멸에 당황한 사람들은 '포용적 성장'을 해야 한다고 주장할 것이다. 낙후 지역을 감싸 안는 포용적 전략! 이건 공존의 가치를 이해하는 성숙한 사회에서 꼭 필요한 전략이다. 하지만 우리는 이 전략의 대가도 제대로 이해해야 한다. 그건 바로, 쇠퇴하는 지방 중소도시를 위한 공적 자금이 급격히 늘어날 것이란 점이다.

대도시보다 심각한 중소도시의 고령화 현상

저성장 시대의 불안감은 효율성 추구를 불러와 수도권과 대도시로의 인구집중이 더욱 가속화되고, 지방 중소도시는 더욱 곤경에 빠지게 된다. 그 어려움은 인구가 감소하고 있다는 데 그치지 않는다. 더 큰 문제는 줄어든 인구 대부분이 젊은 층이란 점이다. 지역경제를 이끌어갈 젊은 인구의 감소는 경제의 활력을 떨어뜨리는 중요한 요인으로 작용한다.

인구노령화 현상의 원인으로 '저출산'이 흔히 지적되곤 한다. 애를 낳지 않기 때문에 젊은 인구가 사라진다는 뜻이다. 그래서 중소도시에서 저출산 문제가 더 심각할 것이라 생각하기 쉽다. 그러나 그건 틀렸다. 출산기피 현상은 지방 중소도시보다 대도시가 더 심각하다. 실제로 2014년 현재 서울시의 출산율은 전국평균(1.21)보다 한참 낮은 0.98이다. 지방도시는 어떨까? 지방도시는 수도권에 비해 상대적으로 출산율이 높아서 평균 1.5가 되는 곳도 많다. 그럼 대도시에서 출산율이 더 낮은 이유는 무엇일까? 결론부터 이야기하면 대도시로의 인구쏠림 현상 때문이다. 인구쏠림에 따른 경제적 부담의 증가가 출산율을 낮추는 것이다.

이건 좀더 설명이 필요하겠다. 일단 대도시는 주택가격이 높다. 최근의 한 연구[6]는 주택가격이 높아질수록 결혼 시기가 늦어지고 출산율도 낮아짐을 보였다. 특히 수도권 지역에서 늦게 결혼하고, 적게 낳는 현상이 두드러졌다. 대도시에선 교육비도 많이 든다. 통계청의 「사교육비 지출실태 조사」를 보면, 1인당 사교육비 지출이 전국 평균액(월 27만3000원)보다 높은 지역이 서울특별시·대구광역시·대전광역시·인천광역시·경기도로 나타났다. 이 가운데 수도권(서울, 인천, 경기)의 사교육비 지출이 압도적으로 높았다. 특히 서울의 경우는 가장 지출수준이 낮은 제주도에 비해 2배 이상 차이가 났다. 한 설문조사[7]에서 출산을 기피하는 가장 주요한 이유로 '교육비가 비싸서'라고 대답할 정도로 교육비는 출산에 중요한 영향을 준다. 반면에 지방 중소도시는 경쟁이 그만큼 치열하지 않고 경제적 부담도 낮아 출산할 여유가 있는 것이다.

그렇다면 여기서 의문이 들 것이다. 낮은 출산율이 높은 고령화율(전체 인구의 1/4이 65세 이상)과 맞물려 있다고 했는데, 왜 출산율이 더 높은 지방 중소도시에서 고령화 속도가 더 빠르게 나타나는 걸까? 그건 바로, 중소도시에는 '애를 낳을 젊은 인구 자체가 적기 때문'이다. 그러니 출산율이 높아도 태어나는 아이들이 얼마 되지 않는 것이다. 후대後代를 계획할 젊은이들이 적은 상황, 이게 바로 지방 중소도시의 현실이다. 결국 대도시에는 애를 낳을 사람들이 많지만 애를 낳지 않고, 중소도시에서는 애를 낳을 사람들이 줄어간다. 이렇게 인구쏠림 현상이 전국토에 걸쳐 '인구감소' 경향을 가속화한다.

여기서 우리나라의 전반적인 고령화 현상부터 살펴보자. 고령화는 전체인구 중 노인의 비율이 증가하는 현상을 의미한다. 의학의 발달과 생활수준 향상으로 평균수명이 늘어나면서 노인 비율이 증가했음은 물론이다. 하지만 다른 한편으로는 저출산이 고령화의 속도를 증가시키는 데 결정적인 역할을 했다. 앞서 언급했듯이 우리나라의 출산율(2016년 현재 1.2명)은 OECD국가 중 가장 낮다.

낮은 출산율보다 더 우려할 만한 건 출산율 감소 추이다. 우리나라는 전세계에서 가장 빠르게 출산율이 하락했고, 그만큼 고령화 속도도 빨라졌다. 한국은 2000년에 노인의 비율이 7% 이상인 고령화사회로 진입했다. 2017년에는 노인인구 비율이 14% 이상인 고령사회를 맞이했다. 그리고 2026년에는 노인인구가 전체 인구의

20% 이상인 초고령사회로 진입할 전망이다. 우리나라가 고령사회에서 초고령사회로 변화하는 데 약 9년 정도로 걸릴 것으로 예상하고 있다. 이미 초고령사회 진입한 일본은 이러한 변화가 12년, 독일은 38년이 걸렸다. 이를 감안한다면 우리나라의 노령화 속도는 전무후무하게 빠른 것이다.

그럼 앞으로의 인구구조는 어떻게 변할까? 인구를 유소년인구(0~14세), 생산가능인구(15~64세), 고령인구(65세 이상)로 나누어 볼 때 우리나라는 경제활동을 담당하는 '생산가능인구'가 2017년부터 감소하기 시작한다. 감소하는 속도도 매우 빠르다. 통계청은 현재 72%를 차지하고 있는 생산가능인구가 2060년에 50% 수준으로 떨어질 것으로 예측하고 있다. 이에 반해 현재 11%인 고령인구는 40%로 증가할 것이라 한다. 또한 출산율이 낮으니 유소년인구는 현재 16%에서 10%로 낮아질 것으로 예측하고 있다.

2060년의 우리 사회 모습은 이러하다. 노동을 할 수 있는 인구(생산가능인구) 반, 부양을 받아야 하는 인구(노인인구+유소년인구) 반이 된다. 지금도 애 키우기 힘들어서 자녀 낳기를 기피하는 사람들이 천지에 깔렸고, 노인 복지비용이 크게 상승했다는 우려가 많다. 하지만 앞으로는 지금보다 '더 적은 (젊은) 인구'가 '더 많은 (노인) 인구'를 보살펴야 하는 상황이 되는 것이다.

여기까지의 얘기는 전국평균이 그렇다는 것이다. 인구구조를 지역별로 더 들어가보면 이미 65세 인구가 20%를 넘는 초고령 지역이 38%(228개 지자체 중 86곳)에 달한다.[8] 이런 지역의 대부분은 인구 15만 명 이하의 지방 중소도시이다. 초고령 지역에서는 아기

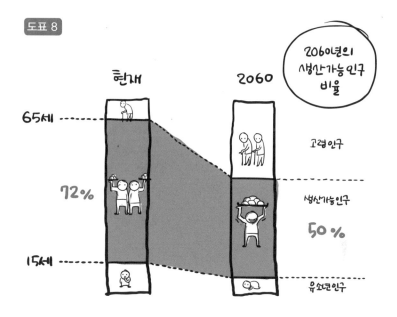

도표 8

를 낳을 사람이 부족해서 생기는 '저출생' 문제가 고령화를 촉진한다. 이런 저출생 문제는 저출산 현상과는 다르다. 저출생은 '새롭게 태어나는 아이가 적다'는 뜻이고, 저출산은 '가임기 여성이 아이를 적게 낳는다'는 의미이기 때문이다. 이렇듯 지방 중소도시의 고령화 문제는 대도시의 고령화 문제와 양상을 달리한다.

지방 중소도시는 현재 젊은 층이 다 빠져나가 노인 인구가 비대해진 구조다. 고흥군을 비롯해 경북 의성군, 경북 군위군, 경남 합천군, 경남 남해군은 65세 이상 고령인구 비율이 30%를 넘는다. 전남 고흥군의 경우 2016년 인구는 6만8932명인데, 이 중 65세 이상이 2만4946명으로 전체의 약 36%를 차지했다. 최근 10년간 고흥군의 인구는 꾸준히 감소했지만 그 사이에도 노인인구는 늘어왔

다. 앞으로 10년 내에는 노인인구가 50%에 달할 것이란 전망도 있
다. 고흥군에는 전국에서 고령화율이 가장 높다는 예동마을이 있
다.[9] 이 마을 2/3이상의 인구가 65세 이상의 노인이다. 50세 이하의
주민은 아예 없다. 그러니 마을 어디서도 애기 울음소리를 들을 수
없다. 고흥군에는 515개의 마을이 있는데, 이 중 41개의 마을에 가
임여성, 즉 20~39세의 여성이 한 명도 없다.

이런 마을에 새로운 인구유입을 기대하긴 어렵다. 남아 있는 사
람들에겐 점점 사그라드는 마을을 지켜보는 일만 남았다. 듬성듬
성 보이는 빈집은 어르신들이 노환이나 지병으로 세상을 떠난 후
의 흔적들이다. 마을이 사라지는 속도는 남아계신 어르신들이 세
상을 떠나는 속도와 보조를 맞출 뿐이다.

4차 산업혁명이 이끄는 지방도시 쇠퇴

우리 사회의 변화를 이끄는 또 다른 메가트렌드 중 하나는 사물인
터넷IoT · 인공지능 · 로봇으로 대변되는 4차 산업혁명이다. 이 4차
산업혁명 또한 우리 국토공간을 변화시키는 또 하나의 변인이다.
특히 지방도시의 소멸을 앞당기는 부정적 힘으로 작용할 것이다.

2016년에 인공지능 알파고가 바둑천재 이세돌 9단을 이긴 이후
4차 산업혁명은 우리 사회를 뒤덮은 키워드가 되었다. 이미 인류
는 1, 2, 3차의 산업혁명을 거치면서 기술혁신을 경험해왔다. 기술
혁신은 특정 일자리를 감소시키기도 했지만, 다른 한편으로는 새
로운 일자리를 창출했다. 기술혁신이 새로운 수요를 발생시켜왔기

때문이다. 자동차의 예를 들어보자. 자동차가 개발되기 전 뉴욕에는 20만 마리의 말이 마차를 끌고 거리를 누볐다고 한다. 마차와 관련한 일자리로 마부나 말 관리자는 물론이고 말똥 치우는 사람도 있었다. 하루에 말이 10㎏의 똥을 싸니 뉴욕거리에는 하루에 2000톤의 말똥이 쏟아져 나왔다.[10] 이들 모두 자동차가 등장하면서 사라졌다.

그렇지만 자동차를 만드는 일자리가 새로 생겼고, 자동차 이용이 증가함에 따라 도로가 건설되었다. 또한 도로를 따라 호텔과 상점이 등장하고, 주유소도 등장했다. 여행업도 발달했고 도시 외곽에 대형마트도 생겨났다. 여기서 구입한 상품을 보관하기 위한 냉장고가 널리 보급되었다. 이렇게 자동차의 등장은 혁명적이었다. 사람들의 삶의 형태를 바꾸고 다양한 산업을 줄줄이 등장시켰다. 사라진 일자리에 비해 새롭게 창출된 일자리의 수가 압도적으로 많았던 것이다. 1970년대부터 시작된 3차 산업혁명 때도 컴퓨터를 이용한 생산과 유통시스템의 자동화로 일부 일자리가 감소하긴 했다. 하지만 이 또한 사라지는 일자리에 못지않은 새로운 수요를 창출시켰다.

하지만 4차 산업혁명은 과거와는 성격이 다르다. 기존의 산업혁명은 '인간이 이용하는 기계'를 통한 것이었지만, 4차 산업혁명은 '인간을 대신하는 기계'의 등장을 예고하고 있다. 제조업 공장의 기계들은 인간의 노동을 대체하기도 했지만 보조적 역할도 동시에 해왔다. 서비스업도 마찬가지다. 은행의 현금지급기가 동네 곳곳에 설치된 이후 은행 가서 돈 찾는 사람들이 크게 줄어들었지만, 은행원들은 조금 더 복잡한 업무로 옮겨갈 수 있었다. 하지만 앞으로 거세게 진행될 또 다른 차원의 산업혁명에서는 인간을 대체하는 기계가 도입된다. '인간처럼 판단하고 결정하는 기계'는 아무리 일해도 지치지 않고, 실수하지도 않으며, 짜증을 내지도 않는다. 감정의 기복도 없으니 항상 정확하고 냉철한 판단을 내린다. 심지어 인간을 감동시키는 소통의 능력도 가지고 있다. 지금까지 우리가 알던 기계와는 뭔가 차원이 다른 것이다.

4차 산업혁명시대의 기계는 현재의 산업생태계를 뒤흔들 수 있는 힘을 지니고 있다. 그 힘은 긍정적일 수도 아니면 부정적일 수도 있다. 기술진보가 우리의 삶을 더욱 편리하게 바꿀 것이라는 점은 긍정적이지만, 다른 한편으로는 많은 일자리를 위협할 것이란 우려도 존재한다. 실제로 한국고용정보원에서 23개 직종별 직장인 1006명을 대상으로 '4차 산업혁명이 일자리에 미치는 영향'에 대한 설문조사를 수행했는데, 44.7%가 "4차 산업혁명으로 내 직업 일자리가 감소할 것"이라는 우려를 표했다. 한국고용정보원의 「기술변화에 따른 일자리 영향 연구」 보고서에 따르면, 인공지능과 로봇에 위협받는 사람들이 약 1800만 명에 이를 것으로 나타났다. 전체 취업자가 2560만 명인 점을 감안하면 약 70%가 영향을 받는 셈이다. 또한 이 보고서는 고소득 직종의 관리자직인 경우 로봇에 의한 대체율이 49% 정도지만, 단순노무직의 경우 90% 정도에 달한다고 분석했다.

일자리의 종류에 따라 4차 산업혁명의 영향이 다르다면, 지역별로도 차별화된 영향을 미칠 수 있다. 지역에 따라 일자리 종류에 큰 차이가 있기 때문이다. 우리나라의 경우 일자리 대체율이 낮은 창의적인 직종은 수도권이나 대도시에 집중되어 있다. 반면에 단순 노무직이나 서비스업 등 자동화로 사라지기 쉬운 직종들은 지방 중소도시에 상대적으로 많이 분포되어 있다. 그렇다면 4차 산업혁명이 지방 중소도시의 일자리를 더욱 빠르게 소멸시키리라는 예상이 자연스럽지 않겠는가?

[도표 9·10]은 세로축(Y축)을 '도시 생존지수'로, 가로축(X축)을 '일자리 대체비율'로 하여 이 둘의 관계성에 대해 살펴본 것이다. 세로축의 도시 생존지수는 '가임여성인구/노인인구'로 계산되었다. 그러니 지수값이 높을수록 생존 가능성이 크고, 그 반대는 소멸 가능성이 높다는 것을 의미한다. 반면에 가로축은 '지역 일자리 대체비율'을 보여준다. 이 비율은 2025년에 각 지역에서 몇 %의 일자리가 위험에 처했을지 '직업 대체율' 값을 기반으로 계산한 것이다. 아래는 한국고용정보원에서 인공지능·로봇 전문가들의 도움을 받아 제시한 9개 직업별(대분류) 대체율이다.[11]

- 관리자 49.2%

- 전문가 및 관련종사자 56.3%

- 사무종사자 61.3%

- 서비스 종사자 75.9%

- 판매종사자 74.2%

- 농림어업 숙련종사자 86.1%

- 기능원 및 관련기능 종사자 74.3%

- 장치, 기계조작 및 조립종사자 79.1%

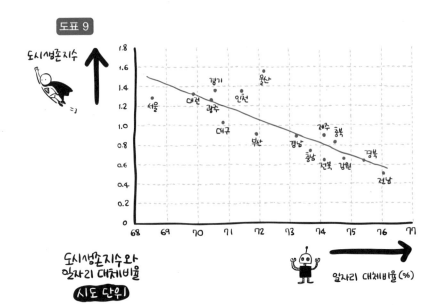

도표 9

도시생존지수

도시생존지수와
일자리 대체비율
시도 단위

일자리 대체비율(%)

- 단순노무 종사자 90.1%

전문가들은 인공지능·로봇으로 대체될 가능성이 가장 낮은 일자리로 '관리자'와 '전문가 및 관련종사자'를, 반대로 대체되어 소멸될 가능성이 높은 일자리로 '단순노무 종사자'와 '농림어업 숙련종사자'를 꼽고 있다. 그러니 직업 대체비율이 높은 일자리가 많이 분포한 지역이 그렇지 않은 지역에 비해 앞으로 실업문제를 더 많이 겪을 것이라 예상해볼 수 있다.

[도표 9]는 우리에게 놀랄 만한 미래를 예측해준다. 소멸 가능성이 높게 분류된 지역이 인공지능·로봇으로 인해 일자리의 소멸을 많이 겪게 될 거란 점이다. 수도권을 비롯한 5대 광역도시권(부

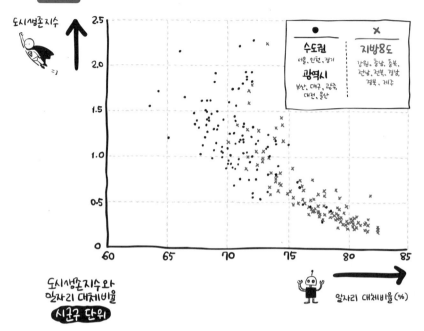

도표 10

도시생존지수

2.5

2.0

1.5

1.0

0.5

0

●	×
수도권 서울, 인천, 경기 **광역시** 부산, 대구, 광주, 대전, 울산	**지방8도** 강원, 충남, 충북, 전남, 전북, 경남, 경북, 제주

60   65   70   75   80   85

도시생존지수와 일자리 대체비율 **시군구 단위**

일자리 대체비율 (%)

산·대구·광주·대전·울산)은 다른 지역에 비해 생존지수가 높고, 일자리가 사라질 가능성도 상대적으로 적다. 반면에 이 지역을 제외한 나머지(충남·충북·경남·경북·전남·전북·강원·제주)는 생존지수가 낮고 일자리가 날아갈 가능성도 많다.

[도표 10]은 앞의 '시·도 단위'의 분석을 더욱 구체화하여 '시·군·구 단위'의 지자체별로 분석한 것이다. ●으로 표시된 지역은 수도권과 5대 광역도시권에 속한 지자체들이다. ×로 표시된 지역은 지방8도(강원·충남·충북·전남·전북·경남·경북·제주)에 속

해 있는 지자체를 나타내고 있다. •와 ×가 서로 섞이기 어려운 물과 기름처럼 분리되어 나타난 이 그래프는, 지방 중소도시에서 상당수의 일자리가 머지않은 미래에 사라질 위험에 처해 있음을 보여준다.

이 대목에서 이렇게 반문하는 사람도 있겠다. 앞으로 줄어드는 일자리만 있는 건 아니지 않는가? 물론이다. 하지만 2015년 개최된 세계경제포럼WEF에선 2020년까지 전세계에서 710만 개의 일자리가 사라지고 200만 개의 일자리만 새로 생길 것으로 예측했다.[12] 사라지는 일자리의 28% 정도만 다른 일자리로 대체될 수 있는 셈이다. 게다가 우리가 유심히 봐야 할 건 새롭게 생겨나는 일자리의 종류다. 그런 일자리는 '경영·재무 운영(49만 개)', '관리감독(41.6만 개)' '컴퓨터&수학(약 41만 개)' '건축·엔지니어(34만 개)' '영업(30만 개)' '교육관련(6.6만 개)' 분야 순으로, 대개 대도시에 집중돼 있는 직종들이다.

이처럼 사라지는 일자리에 비해 새롭게 생겨나는 일자리가 턱없이 부족할 뿐 아니라, 그나마도 대도시 중심으로 생겨날 것이라는 이야기다. 지방 중소도시는 일자리의 감소만 있을 뿐 새로운 취업기회는 극히 적을 것이다. 물론 그렇다고 기업들이 지방 중소도시에 전혀 입지하지 않는 건 아니다. 문제는 고도화된 자동화기술을 갖춘 기업들은 많은 고용을 하지 않는다는 점이다.

이와 관련하여 고추장이 유명한 전라북도 순창에서 있었던 일이다.[13] 순창은 최고 품질의 고추장 생산에 적합한 기후 조건을 가지고 있다. 바람, 온도, 습도 등이 좋은 고추장을 만드는 데 적합하다. 이를 알아챈 기업들은 순창에 들어가 고추장을 만들기 시작한다. 이때가 1980년대 말 즈음이다. 순창에 공장이 잇달아 생기자 주민들의 마음은 기대로 부풀었다. 일자리가 증가하고 도시가 살아날 거란 기대였다. 이윽고 순창에 입지한 기업들은 빠르게 번창했다. 11개 기업이 우리나라 전체 고추장의 40% 정도(매년 4만 톤)를 생산하고 있다. 이 중 가장 큰 기업의 매출액은 1989년 20억 원 수준에서 2014년 2000억 원으로 100배나 급증했다. 하지만 같은 기간 늘어난 일자리는 140명에서 150명으로 고작 10명뿐이다. 이유는 간단했다. 기계화된 고추장 공장에는 사람이 필요 없기 때문이다. 앞으로 기계는 더 빠른 속도로 고추장을 뽑아낼 것이고, 갈수록 사람이 필요 없는 시스템으로 전환될 것이다.

고용 없는 성장, 이게 바로 '순창고추장의 역설'이다. 기업의 진출은 순창의 인구유출을 막지 못했다. 고추장 공장이 처음 들어섰던 1989년 순창의 인구는 5만 명 정도였다. 2015년 현재 순창의 인구는 3만 명 수준이다. 젊은이들은 일자리를 찾아 더 큰 도시로 떠났고, 이제 어르신들이 순창을 지키고 있다.

메가트렌드가 지방 중소도시에 미칠 후폭풍

저출산, 저성장, 4차 산업혁명이라는 메가트렌드는 우리 시대를 뒤엎는 거대한 흐름이다. 거대한 흐름이기에 '메가'란 접두어가 붙은 것이다. 지방 중소도시가 이런 장대한 흐름을 거스르긴 너무나 힘들다. 꺾여나가는 인구추세를 되돌리기 힘들다는 뜻이다. 하지만 이대로 그냥 둘 수는 없다. 흘러가는 대로 내버려두었다간 지방 중소도시가 겪게 될 파산의 후폭풍이 너무나 크다. 이제는 쇠퇴의 충격을 어떻게 최소화할지 고민해야 할 단계다.

앞으로 지방 중소도시가 받게 될 고통은 지방 중소도시만의 문제가 아니다. 물론 그 고통은 해당 도시가 가장 클 것이다. 하지만 지방 중소도시 몰락의 파급효과는 주변 도시로 퍼져나가고, 더 나아가 사회의 모든 구성원에게 부담을 지우게 된다. 여기서 그 부담의 실체를 제대로 알기 위해선 특히 중소 지방도시가 앞으로 대면하게 될 '공공서비스 예산의 효율성 감소' '지방재정의 위기' '복지비용 증가로 인한 중앙정부 의존'이라는 세 가지 문제에 대해 살펴봐야 한다.

먼저, 지방 중소도시의 인구감소는 지자체의 예산 사용의 효율성을 낮추게 된다. 인구가 감소한 지역은 공공서비스의 효율도 떨어진다. 인구가 썰물처럼 빠져나간다고 공공서비스의 양을 무작정 줄일 수는 없다. 주민 수가 많든 적든, 기본적으로 공급되어야 하는 최소한의 서비스가 있기 때문이다. 10만 명이 살던 어느 도시의 인구가 반으로 줄었다고 하자. 그렇다고 해서 도로도 반으로 줄일 수 있는가? 이 도시의 도로보수 비용이 연간 100억 원이라 치자. 예전의 인구수인 10만 명을 위해 지출된 100억 원은 1인당 10만 원 정도지만, 이제는 1인당 20만 원을 들여 도로를 보수해야 한다. 상수도시설과 하수도시설도 마찬가지이다. 비용은 그대로인데 인구가 줄어든 만큼 효율성은 감소한다. 물 사용량이 줄고 수도관에 물이 머무는 시간도 길어지기에, 누수도 잦아지고 수질 불량의 가능성이 높아진다.

인구가 줄면 도시가 거둬들이는 세금도 감소한다. 수입은 감소하는데 지출항목은 그대로니 대중교통·상하수도·의료시설·사회복지시설·문화시설·체육시설·교육시설 등 전반적인 공공서비스의 질이 하락할 수밖에 없다. 생활 인프라도 점차 노후화되니 도시의 쇠퇴도 가속화된다. 예산과 전문인력의 부족으로 허덕이는 쇠퇴도시들은 시설들을 개선할 여력도 부족하다. 그렇다고 망가져가는 시설들을 가만히 놔두어서도 안 된다. 그럴수록 복구비용이나 유지비용이 더 증가하기 때문이다. 아스팔트 포장 표면에 생기는 구멍인 포트홀의 예를 보자. 포트홀은 폭우나 폭설로 지반이 약해진 상황에서 통행차량에 의해 아스팔트 표면이 부서져 발생한다. 부서져 구멍 난 도로는 길 위의 지뢰로 불릴 만큼 운전자들의 안전을 위협한다. 이를 피하다가 차량이 전복되는 등 대형사고로 이어지는 경우도 많다.

2014년 이후 2년 반 동안 경기도에서만 발생한 포트홀이 9만 9000건이다.[14] 이 포트홀로 인해 파손된 차량만 1106대이고, 이들 차량 소유주에게 약 8억 원 정도의 배상금을 지급했다. 포트홀을 보수하는 데만 60억 원 가까이 투자되었다. 하지만 경기도에서 포트홀을 발견 즉시 보수했기 때문에 이 정도밖에 들어가지 않은 것이다. 예산 부족에 허덕이는 지자체는 포트홀에 빨리 대응하지 못할 수 있다. 이 경우 도로는 더 빠르게 망가지고 보수비용도 점점 커진다. 미국 경제학자 로버트 프랭크Robert Frank는 이렇게 강조한다.

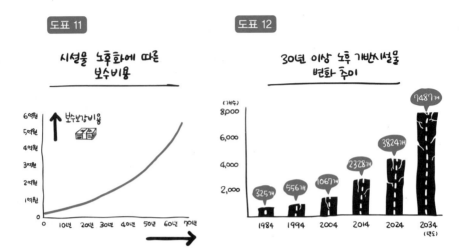

도표 11

시설물 노후화에 따른
보수비용

보수방강비용

6억원
5억원
4억원
3억원
2억원
1억원
0

0 10년 20년 30년 40년 50년 60년 70년

⏱ 시설 노후화 정도

도표 12

30년 이상 노후 기반시설물
변화 추이

(개수)

8,000

6,000

4,000

2,000

325개 556개 1067개 2328개 3824개 7487개

1984 1994 2004 2014 2024 2034
(년도)

이차선 도로를 때우고 재포장하는 작업은 킬로미터당 78,000달러에서 94,000달러로 해낼 수 있다. 그러나 이 보수 작업을 2, 3년 미루면 재포장 비용은 킬로미터당 156,000달러에서 172,000달러까지 치솟는다. 보수가 그보다 더 미뤄지게 되면 포장된 면 밑이 빠르게 침식되기 때문에, 완전히 제거해서 교체해야 할 지경에 이르고, 그 작업의 전체 비용은 공사 과정에서 훼손되고 파손되는 풍광을 고려하지 않더라도 킬로미터당 468,000달러에서 530,000달러까지 들게 된다.[15]

빠르게 대응하지 않으면 비용이 급속도로 상승하는 인프라는 도로에 국한되지 않는다. 노후화된 상수도도 마찬가지다. 환경부가 발행한 『2014년 상수도 통계』에 따르면, 상수도의 노후화로 인해 버려지는 수돗물이 매해 6000억 원이 넘는다. 기본적으로 상수도

의 시설보수는 지자체 소관이다. 지자체가 주민들에게 상수도 요금을 받고 유지·보수를 책임진다. 그래서 중앙정부는 예산 배정을 완강히 거부해왔다. 안타깝게도 재정자립도가 낮은 지자체는 이를 보수할 여력이 없다. 특히 산이 많은 지방 중소도시에는 주민들도 듬성듬성 살고 있어 거주민 1인당 관로의 길이가 도시에 비해 3배 이상이다. 매년 노후관 및 계량기 교체에 많은 지방비를 투입하고 있지만, 노후화 속도를 따라잡을 수가 없다. 실제로 지방 중소도시 중 수돗물 누수율이 서울의 10배 이상 되는 곳도 많다.

사업비를 마련할 수 없는 지자체들은 노후돼가는 시설을 가만히 지켜볼 수밖에 없는 상황에 처했다.[16] 노후 상수도를 방치하고 보수를 나중으로 미루게 되면 그 비용은 천문학적으로 상승한다. 보다 못한 중앙정부가 지방상수도 개량사업에 국비를 투입할 수밖에 없었다. 정부는 노후 상수관과 정수장을 보수하는 데 2027년까지 총 3조 6695억 원이 소요된다고 예측했다.

둘째로, 지방 중소도시의 고령화는 지방재정을 크게 압박하게 된다. 노인복지 예산이 집중적으로 투입되는 공간이 되면서 말이다. 지방도시는 젊은 인구의 유출로 인해 거주인구 대비 노인복지 예산의 비율이 매우 높다. 결국 '젊은 인구와 고령인구의 불일치'가 지방 중소도시의 재정을 압박하는 것이다.

해리 덴트의 『2018 인구절벽이 온다The Demographic Cliff』는 '인구구조의 변화'가 '국가경제'와 어떻게 맞물리는지를 잘 보여준다. 덴트는 전형적인 미국 가구에서 가장 돈을 많이 쓰는 가구주의 나이가 47세임에 주목했다. 그리고 이 연령대의 인구가 줄어드는 '인구절벽'의 시기에 소비가 급감하는 '소비절벽'이 오고, 이것이 장기적 경제불황을 일으킨다고 주장했다. 그는 미국의 인구·소비 자료를 통해, 소비력이 가장 높은 '45~49세'의 연령대가 2008년 금융위기 직전에 가장 많았음을 밝혀냈다. 일본의 경우도 이와 유사한 경로를 겪었다. 일본에서도 1980년대 말에 최고의 소비력을 지닌 연령대의 인구가 가장 많았다. 일본 경제의 버블은 1989년부터 붕괴되기 시작했다. 덴트는 OECD의 인구자료를 이용해 한국인들도 47세에 소비가 정점을 찍는다고 분석했다. 그의 분석에 의하면, 한국에서 이 연령대의 인구는 2018년도에 가장 많을 것이며, 그 이후부터는 한국경제가 내리막길을 걷게 된다고 예측한다. 덴트는 강조한다.

"한국은 2018년 이후 인구절벽 아래로 떨어지는 마지막 선진국이 될 것이다."[17]

가장 소비력이 높은 40대 후반 인구가 줄어드는 시점에서 경제가 어려움을 겪는다는 분석은, 지방의 경제를 분석하는 데도 적지 않은 시사점을 준다. 실제로 우리나라에서 가장 많이 벌고, 가장 많이 소비하는 연령대는 40대 중반~50대 중반이다. 이 연령대를 지나면 소득과 소비 모두 감소하게 된다. 이는 지자체의 재원인 지방세수에 곧장 영향을 준다. 지방세수는 이런 경제활동의 양과 직접적으로 비례하기 때문이다.

[도표 13]은 연령대별 지방세 부담액을 보여주고 있다.[18] 지방

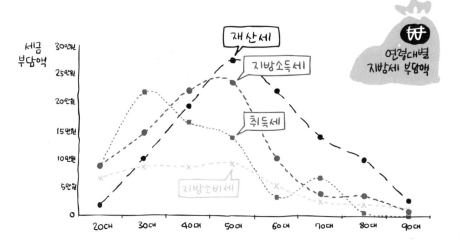

도표 13

세란 지자체의 살림살이를 위해 주민들에게 걷는 재원으로, 상하수도·도로·쓰레기처리·주거환경개선·소방시설·사회복지사업 등에 사용된다. 지방세는 취득세(부동산이나 차량 등을 거래할 때 소유권 이전에 부과되는 세금), 지방소득세, 지방소비세, 재산세로 구성된다. [도표 13]에서 알 수 있듯이 지방세를 가장 많이 내는 나이는 50세 정도이다.(취득세는 예외적인데, 부동산이나 차량의 거래가 30세 정도에 가장 활발하게 일어나기 때문이다.) 하지만 50세가 지나면 경제활동이 급속히 위축되고, 지방세 수입은 급속히 감소하게 된다.

우리나라 도시별 평균연령을 보면, 대도시와 지방 중소도시 간에 큰 차이가 있다. 2017년 1월 기준으로 서울은 41.2세, 부산 42.8세, 대구 41.2세, 인천 40세, 광주 39.1세, 대전 39.5세, 울산 39세, 세종 36.8세이다. 수도권의 일부인 경기도도 주민 평균연령이 39.3

세이다. 반면 최근 10년간 급속한 노령화를 경험했던 6개 도시를 살펴보자. 삼척 45.7세, 정읍 46.6세, 남원 46.6세, 김제 49.1세, 영주 46.5세, 문경 48.1세로 대도시에 비해 훨씬 높다. 그런데 이 도시들보다 평균연령이 더 높은 지역들도 많다. 지금은 주민 평균연령이 50세 이상인 시·군이 32개*로 전국의 지자체 중 13% 정도이지만, 이 비율은 시간이 지남에 따라 빠르게 증가할 것이다.

앞으로 10년 동안 대도시 인구의 평균연령은 지방세수가 상승하는 '40대 → 50대'의 구간을 통과하는 반면에, 지방 중소도시의 경우에는 '50대 → 60대'의 지방세수 하락구간을 지나게 된다. '50대 → 60대'의 구간에서 지방세수가 꺾이는 정도는 가히 급경사라 할 만하다. 결과는 뻔하다. 지방 중소도시는 인구절벽에 따른 급속한 세수 감소를 경험하게 될 것이다.

셋째로, 앞으로는 지방 중소도시가 자생력을 잃고, 대도시의 생산가능인구가 지방 중소도시의 노년층을 보살피는 구조로 나아갈 가능성이 크다.

상당수의 인구가 고령자인 지방 중소도시에는 이들의 복지를 책임져줄 생산가능인구가 절대적으로 부족하다. 앞서 언급했듯이 65세 이상 노인 비율이 20% 이상이면 초고령사회다. 228개의 지자체 중 86곳이 이미 초고령 지자체이다. 2005년만 해도 초고령 지

● 2017년 1월 현재 평균연령이 높은 순부터 32개 시군을 나열하면 다음과 같다: 의성군·군위군·고흥군·합천군·남해군·청도군·청송군·의령군·영양군·영덕군·산청군·봉화군·괴산군·보성군·신안군·예천군·함평군·곡성군·청양군·서천군·보은군·임실군·진안군·하동군·함양군·강화군·무주군·부여군·성주군·장흥군·구례군·진도군.

역이 63곳(전체 지자체의 약 28%)이었는데, 10년 새 전체 지자체의 약 38%로 증가한 것이다. 이런 지역은 복지예산이 더 많이 소요될 수밖에 없다. 대표적으로 65세 이상 노인 중 하위 70%에 지급되는 기초연금이 있다. 기초연금은 모두 국민들의 세금으로 충당되며, 중앙정부에서 상당액을 부담한다. 하지만 정부가 전부 다 내는 것은 아니다. 정부가 돈을 내면 지자체도 이에 상응하는 돈을 함께 내는 방식을 취하게 된다. 2016년 기준 총 10조3300억 원의 기초연금 중 대략 75%는 정부가, 25%는 지방이 부담하고 있다.* 기초연금은 노령인구의 급증으로 인해 2040년에는 100조 원, 2050년에는 160조 원, 2060년에는 230조 원 정도로 불어날 것이라 한다.[19]

기초연금이 도입된 지 3년이 채 되지 않았다. 이 제도로 인해 노인 빈곤율이 5.6%포인트 하락했다. OECD국가 중 노인 빈곤율이 가장 높은 우리나라로선 참으로 고무적인 일이 아닐 수 없다. 하지만 지금과 같은 방식으로 지자체가 재원을 마련해야 한다면, 이는 지방재정에 상당한 압박을 가할 것이다.

그 외에도 의료급여 등의 복지 관련 국고보조금 지출이 크게 늘고 있다. 이는 지난 20년간 전국 지자체의 재정자립도를 큰 폭으로 하락시키는 역할을 했다.** 통계수치로도 나타난다. 지방자치제도

---

* 물론 비율이 일률적이진 않고 시·도의 '재정자주도'와 '노인인구비율'에 따라 달리 적용한다. 예를 들어 서울의 경우 분담률이 50%로 높지만, 재정자주도가 낮고 노인 인구비율이 높은 시도의 경우는 20%의 분담률이 적용된다.

** 재정자립도란 지자체가 한 해 사용하는 돈 중 '자체적으로 주민들에게 거두어들인 돈'의 비중을 말한다. 나머지는 국고에서 받은 것이라 보면 된다. 그러니 국가가 지자체에게 주는 보조금 지출을 늘리면 지자체의 재정자립도는 감소하게 된다.

를 도입한 1995년 전국 지자체 평균 재정자립도는 63.5%였지만 2016년에는 52.5%로 떨어졌다. 무려 11%포인트나 감소한 것이다.[20]

복지예산의 증가는 이러한 추세를 더욱 가속시킬 것이다. 빈약한 예산에 시달리는 지방 중소도시에서 폭증하는 복지수요는 중앙정부의 도움 없이 자생력을 확보하기 힘든 상황을 더욱 재촉할 것이다. 지방 중소도시는 과거보다 더 부자 지자체의 도움으로 '국가를 통해' 복지수혜를 받는 상황이 되는 것이다. 복지수요가 증가할수록 재정자립도는 지속적으로 낮아지고, 결국 '부자 지자체'와 '가난한 지자체'는 더욱 선명하게 대비될 것이다.

걷잡을 수 없이 번져갈 지방문제

지방 중소도시의 인구이탈은 해당 도시만의 문제가 아니다. 인구가 나가는 곳과 들어오는 곳 모두에게 큰 부담을 지우기 때문이다. 사회 전체가 부담해야 할 천문학적 비용이 예상되는 현실에서 우리는 이에 어떻게 대응해야 할 것인가?

깨진 유리창 이론broken windows theory이란 게 있다. 이 이론은 범죄학자인 제임스 윌슨James Wilson과 조지 켈링George Kelling이 1982년에 발표한 「깨진 유리창」[21]에서 유래했다. 이 이론은 동네에서 어느 집의 깨진 유리창 하나를 그대로 방치하면 다른 유리창도 깨져나간다고 말한다. 사람들이 관리가 되지 않는 건물이라 생각하고는 더 함부로 망가뜨리게 되기 때문이다. 따라서 작은 훼손을 방치하면 방치할수록 파괴 행위가 점차 심각한 수준으로 진행된다.

이 이론을 뒷받침하는 실험을 스탠포드대학의 심리학자인 필립 짐바르도Philip Zimbardo가 수행한 바 있다. 짐바르도의 실험은 대충 이러하다. 그는 뉴욕 브롱크스라는 슬럼지역의 대로변에 번호판을 떼고 보닛을 위로 열어놓은 채 자동차를 방치해두었다. 똑같은 상태로 부자 동네인 캘리포니아 팔로알토의 대로변에도 자동차를 세워두었다. 예상했던 대로 브롱크스의 자동차는 몇 분도 안 돼 라디에이터와 배터리를 털렸으며, 하룻밤 사이에 값이 나가는 모든 부분이 사라졌다. 이후 그 차는 아이들의 놀이공간으로 변했다.

반면 팔로알토에 세워진 차는 일주일이 지나서도 그대로 있었다. 짐바르도는 여기에 짓궂은 개입을 했다. 멀쩡한 자동차의 보닛을 망치로 내려쳐 찌그러뜨리고는 어떤 일이 일어나는지를 지켜보았다. 얼마 지나지 않아 부자 동네의 주민들도 동참했다. 처음에 그들은 자동차에 조그만 흠집을 내기 시작했다. 하지만 그들의 범행(?)은 점차 대담해져 스테레오도 떼어가고, 핸들도 가져갔다. 결국에는 부자 동네에 세워졌던 자동차도 가난한 동네에 방치되었던 자동차와 같은 꼴이 되었다. 짐바르도가 놀란 점은 파괴와 약탈에 참여한 사람들이 하나같이 멀쩡해 보였다는 것이다. 대부분은 말쑥한 차림의 사람들이었고, 심지어는 정장을 입은 사람도 있었다고 한다.

깨진 유리창 이론이 주는 메시지는 간단하다. "문제가 조그마할 때 빨리 고치지 않으면, 걷잡을 수 없이 나빠지는 건 시간문제다." 도시에서 뭔가 나빠질 기미가 보인다면 그대로 방치하지 말 것, 이게 깨진 유리창 이론이 주는 교훈이다. 그래서 도시 쇠퇴의 전조를 감지한 일부 학자들은 깨진 유리창 이론을 인용하며 쇠퇴에 빠르게 대처해야 한다고 주장한다. 조그만 상처를 방치하면 상처 부위가 곪고 더 나아가선 문드러지기까지 하는 것처럼 말이다. 그러니 쇠퇴한 지역을 방치할수록 모두가 함께 짊어져야 할 부담은 빠른 속도로 증가한다. 이것이 지방 쇠퇴에 시급히 대응해야 하는 이유이다.

방치된 건물은 주변지역을 빠른 속도로 슬럼으로 만든다. 초기에는 비용이 그다지 많이 들지 않지만 건물을 한동안 방치해둔다면 그 악영향이 주변지역으로 퍼지는 건 걷잡을 수 없이 빠르다. 결국 너무 늦은 개입은 더 큰 비용을 초래하는 것이다.

급기야 '깨진 유리창'의 심각성을 인지한 중앙정부나 지방정부는 버려진 집(폐가)이나 빈집(공가)이 발생하는 곳에 안테나를 세우기 시작했다. 2010년 2월에 부산에서 발생한 김길태 사건은 폐·공가의 위험성에 눈을 뜨는 계기였다. 이는 부산 사상구 덕포동의 재개발 구역에서 성범죄로 수배중이었던 김길태가 초등학생을 빈집으로 유인해 성폭행하고 살해한 사건이다. 2013년에는 탈주범 이대우가 광주지역의 폐·공가를 돌아다니며 안전하게(?) 은신한 사건이 발생했다. 이제 지자체들은 폐·공가가 난립한 지역의 심각성을 인식하고 '일제 점검'을 주기적으로 벌이고 있다.

집이 버려지고 방치되는 건 그만큼 쓰임새가 없어졌기 때문이다. 만일 그런 폐·공가가 재개발이나 재건축 계획이 지연되어 발생한 것이라면 그래도 희망이 있다. 곧 다시 새로운 개발이 진행되고, 사람이 사는 건물이 들어설 것이기 때문이다. 하지만 인구유출로 인해 방치된 폐·공가 문제는 정말로 해결이 어렵다. 돈을 들여 새 건물을 짓는다 해도 다시 슬럼화될 것이기 때문이다. 이런 경우는 국가가 개입하는 것 이외에는 뾰족한 대안이 없다. 그를 위한 비용은 당연히 세금으로 메워진다. 쇠퇴한 지역이 국가와 지방예산을 빨아들이는 블랙홀일 수밖에 없는 이유다.

지방 중소도시는 정말 돈이 없을까?

지방 중소도시는 세 가지가 부족하다. 일자리도 부족하고 인구도 적으며 쾌적한 교육·문화 환경도 없다. 하지만 이러한 세 가지 부족을 메울 수 있는 가장 강력한 수단이 있다. 바로 '돈'이다. 돈만 풍부하다면 이런 저런 사업을 통해 일자리를 만들 수 있다. 기업들을 위해 각종 세금 감면 혜택도 주고, 청년들을 위한 취업지원을 해줄 수도 있다. 도서관이나 문화센터 프로그램 지원을 통해 거주환경도 개선할 수 있다. '돈'은 이렇게 사람을 끌어 모으는 힘이 있다. 아니 적어도 타지로 나가려는 사람들을 잡을 수 있다.

하지만 중소도시들은 이런 '돈'이 없다고 한탄한다. 아니, 돈이 있다고 해도 중앙정부의 입김이 너무 강해 스스로 미래를 도모할 수 없다고 얘기한다. 이런 주장이 얼마나 사실에 가까운 걸까?

지방 중소도시들은 재정자립도fiscal self-reliance ratio라는 지표를 통해 자신들의 어려움을 토로한다. 재정자립도는 각 지자체가 '한 해 동안 사용하는 돈'을 어느 정도나 '스스로가 충당하고 있는지' 의미하는 지표라 할 수 있다. 이는 아래와 같은 매우 간단한 수식으로 구한다.

$$재정자립도 = \frac{자체적으로\ 마련하는\ 재원}{일반회계} \times 100$$

자체적으로 마련하는 재원은 '지방세'와 '세외수입'으로 구성된다. 지방세는 지자체가 직접 걷는 세금이다.[22] 세외수입은 '지방세 이외의 수입'을 뜻하는데, 여기에는 자치단체의 임대수입이나 도로·주차장 등의 사용료, 증지나 쓰레기봉투의 수수료 등에서 얻은 수입이 포함된다. 세외수입도 지방 '스스로' 걷은 돈이라는 점에서 자립도를 높인다.

재정자립도가 낮다는 의미는, 중앙정부로부터 받는 돈이 상대적으로 많다는 의미다. 우리나라 지자체의 평균 재정자립도는 2004년에 약 57%였다. 하지만 10년 뒤 이 수치는 약 45%로 떨어졌다. 더 많은 돈을 중앙정부로부터 지원받게 된 것이다. 하지만 이 45%도 잘 나가는 도시들까지 합쳐 나온 평균값이다. 지방 중소도시들의 재정자립도는 실상 10~30% 내외에 지나지 않는다. 10~30%의 재정자립도! 이 수치는 한마디로 지방 중소도시들이 외부의 지원 없이는 생존할 수 없다는 의미다.

인구가 17만 명 내외인 안동시의 예를 보자.(인구 20만 명 내외의 중소도시들은 대부분 안동시와 크게 다르지 않은 예산구조를 가지고 있다.) 2016년 안동시의 예산 총액은 약 7800억 원 정도이다. 지방세 수입으로 약 620억 원, 세외수입으로 520억 원이 들어왔다. 안동시가 스스로 걷은 돈이 약 1140억 원이고, 나머지 6660억 원은 정부로부터 왔다. 안동시의 재정자립도는 '(620+520)×100÷7800'으로 계산되니 약 15% 정도만 스스로 재원을 충당하는 셈이다. 2017년 기준으로 재정자립도가 15% 이하인 지자체도 많다. 15% 이하부터 내림차순으로 나열해본다.[23] 경남 하동군(자립도 14.96%), 경남 합천군, 전북 고창군, 강원 양양군, 강원 고성군, 전남 영암군, 경북 의성군, 광주 남구, 광주 북구, 충북 괴산군, 전남 곡성군, 강원 평창군, 경북 상주시, 강원 화천군, 경북 영양군, 부산 영도구, 전남 완도군, 전북 진안군, 경남 산청군, 경북 영덕군, 전남 장흥군, 전남 고흥군, 강원 철원군, 충남 부여군, 충남 서천군, 전남 진도군, 전북 정읍시, 전남 보성군, 강원 인제군, 전남 해남군, 경북 예천군, 전북 남원시, 경북 봉화군, 경북 청송군, 경북 군위군, 전남 함평군, 충북 보은군, 전남 구례군, 전남 강진군, 전남 신안군(자립도 8.58%) 등의 40곳이다. 우리나라 전체 지자체의 약 17%다.

재정자립도가 15%라면 85%를 외부로부터의 자금에 의존해야 한다. 그럼 지자체는 어떤 재원에 의존하고 있을까? 중앙정부로부터는 주로 '지방교부금'과 '국고보조금'을 받는다. 먼저 '지방교부금(지방교부세로 불리기도 한다)'은 지방에서 자유롭게 사용할 수 있도록 주는 돈이다. 반면에 '국고보조금'은 중앙정부가 할 일을 지자체가 대신해주고 받는 돈으로, 돈의 사용처가 명확히 지정돼 있다. 예를 들어, 중앙정부가 특정 지역에 도로를 건설하거나 하천을 정비할 필요가 있을 때 이 사업을 지자체에 맡기면서 보조금을 지급하는 것이다.

이런 돈이 많을수록 지자체가 중앙정부에 의존하는 정도는 점점 커진다. 하지만 잘 생각해보자. 정부에서 각 지자체에게 주는 '국고보조금'과 '지방교부금'은 어디서 난 돈일까? 사실 이 돈의 상당 부분은 정부가 지자체들로부터 '국세'라는 명목으로 걷은 돈이다. 가져갔다 다시 돌려주는 돈이란 뜻이다. 그러니 재정자립도를 가지고 지자체의 살림 꾸릴 능력을 평가하는 것은 맞지 않을 수도 있다.

그래서 몇몇 사람들은 중앙정부에 간섭받지 않고 '스스로의 결정'으로 사용할 수 있는 재원이 얼마나 되는지가 중요하다고 얘기한다. 이를 측정하는 대표적인 지표가 '재정자주도'이다. 재정자립도는 '자체적으로 마련할 수 있는 재원'의 비중인 데 반해, 재정자주도는 '간섭받지 않고 자주적으로 사용할 수 있는 재원'의 비중을 뜻한다. 재정자주도를 계산하는 다음의 식을 보자.

$$재정자주도 = \frac{간섭받지\ 않고\ 쓸\ 수\ 있는\ 재원}{일반회계} \times 100$$

$$= \frac{(지방세+세외수입)+(지방교부금+조정교부금)}{일반회계} \times 100$$

중앙정부의 간섭을 받지 않고 쓸 수 있는 재원에는 '지방세'와 '세외수입' 이외에 '지방교부금'과 '조정교부금'이 포함된다. '지방교부금'은 자유롭게 사용할 수 있기에 이 돈이 클수록 지방정부의 자율권도 커지게 된다. 또 다른 교부금인 '조정교부금'은 광역지자체가 기초지자체 간의 재정력 격차를 줄이기 위해 각각 일정한 비율로 배분하는 돈이다. 예를 들면 광역지자체인 경기도는 총 도세의 27%를 관할구역 내 있는 31개 시·군에 각각 여러 여건들을 고려하여 배분한다. '자체적으로 마련하는 재원'에 중앙정부의 '지방교부금'과 광역지자체에서 내려오는 '조정교부금'을 포함하기에 재정자주도는 당연히 재정자립도보다 그 수치가 높다. 2015년의 경우 전국 재정자립도 평균은 45% 정도이지만 재정자주도는 68%에 달했다. 특이한 사항으로는 급속히 쇠퇴하는 도시에서도 재정자주도가 대부분 50~70% 정도 된다는 점이다.[24] 예를 들어, 문경시의 재정자주도는 66%, 김제는 63%, 김천은 71%, 충주는 65%, 남원은 62%로 나타나고 있다. 경기도의 수원시와 서울의 강남구도 60% 후반대의 재정자주도를 보이고 있는 걸 생각하면 큰 차이가 없는 셈이다. 그러니 지방 중소도시의 예산 사용 자율권이 크게 제약되었다는 주장은 무리한 측면도 있다.

재정자립도와 재정자주도를 통해 살펴본 지방 중소도시들의 현상태는 다음과 같이 요약할 수 있겠다. "지방 중소도시는 너무 가난해 중앙정부로부터 많은 돈을 지원받는다! 하지만 자율적 재정권은 대도시에 비해 그리 낮지 않다!"

4장

덫에 걸리고 늪에 빠지고…

구세주, 지방산업단지!

일자리는 지역경제의 근본이다. 일자리와 소비는 물고 물리는 관계지만, 경제에 더 큰 활력을 불어넣는 건 역시 일자리이다. 실직한 사람의 경우를 생각해보자. 당장 소비부터 줄일 것이다. 소득감소는 소비감소로 바로 이어진다. 하지만 소비를 증가시킨다고 해서 소득이 바로 증가되진 않는다. '소비증가 → 일자리 → 생산증가 → 소득증가'로 이어지는 구조는 개인 차원이 아닌 거시적 차원에서나 그렇다. 개인적으로 무작정 소비만 증가시키다간 쪽박을 차기 십상이다. 그러니 쇠퇴지역에서 '소비촉진!'을 외쳐도 큰 효과가 없다. 쓸 돈이 없기 때문이다.

일자리에도 종류가 있다. 일반적으로 제조업(혹은 수출산업)과 서비스업의 일자리는 서로 성격이 다르다. 제조업이 발전하면 서비스업 일자리가 창출되지만, 서비스업이 발전한다고 제조업 일자리가 창출되지는 않는다. 쉽게 말해, 공장이 들어서서 일자리가 늘어나면 이발소·목욕탕·도서관이 늘어나지만, 이발소·목욕탕·도서관이 늘어난다고 공장이 늘어나진 않는다는 것이다. 서비스업 중심의 도시재생에 한계가 있는 이유가 이것이다.

버밍엄birmingham의 예를 보자. 영국 제2의 도시인 버밍엄은 18세기 말 산업혁명 당시에 급성장한 도시였다. 증기기관을 설계한 제임스 와트가 활동한 거점이기도 했고, 윌리엄 머독이 발명한 가스등이 세계 최초로 내걸리기도 했다. 석탄과 철이 풍부했던 버밍엄은 운하와 철도 등을 통한 입지적 우위를 이용해 공업도시로 빠르게 발전했다.

1950~1960년 사이 버밍엄의 외곽에는 다세대 주택들이 대량으로 공급되기 시작했다. 이로 인해 도심이 공동화됐다. 더 나아가 버밍엄은 1970년대 산업구조의 변화에 적응하지 못하면서 도시 전체가 쇠퇴하기 시작했다. 금속·자동차·전기제품 공장들은 줄줄이 부도를 맞았고, 쇠퇴의 흔적은 버밍엄을 암울한 도시로 각인시켰다. 1970년대 말부터 1980년대 초까지 실업률도 급증했다. 버밍엄 주민들의 불만은 시정부의 '건설 및 토목공사 중심' 프로젝트로 향했다. 그러자 시정부는 1988년 '사람 중심의 도시'를 위한 재생 전략으로 방향을 틀고[1] 문화·유통·레저·관광 중심의 서비스업을 키우게 된다. 이곳저곳에서 버밍엄의 노력을 도시재생 성공사례로 꼽는다. 하지만 이 도시의 실업률(6.4%)은 영국 전체(2.5%)에 비해 크게 높다. 평균 임금도 잉글랜드 지역의 약 90% 정도이다. 영국

런던대UCL 존 토매니 교수는 "도시재생 전략의 문제는 저임금, 저숙련의 '질 낮은 일자리' 위주로 고용을 늘린다는 것"이고 "(이에 대한) 한계가 명확하다"고 강조한다.[2]

모든 쇠퇴도시에는 일자리 부족 문제가 있다. 특히 제조업 중심의 일자리가 부족한 게 문제다. 이런 일자리가 증가하는 쇠퇴도시는 존재하지 않는다. 일자리는 젊은이들을 머물게 하고, 다른 지역 사람들을 끌어들이며, 지역경제를 활성화하는 힘을 만든다. 지방 중소도시도 이를 모르는 건 아니다. 실제로 지방 중소도시들의 일자리 정책으로 가장 빈번히 등장하는 구호는 '산업단지 유치!' 혹은 '산업단지 활성화!'다.

일명 공업단지(공단)라고도 불리는 산업단지는 제조업체가 밀집된 특수 지구다. 산업단지에는 국가산업단지(2017년 현재 전국에 42개), 일반산업단지(628개), 도시첨단산업단지(22개), 농공단지(467개)의 네 가지가 있다.[3,4] 먼저 국가산업단지는 국가가 기간산업이나 첨단과학기술산업의 육성을 위해 지정한다. 일반산업단지는 산업의 지방 분산을 촉진하고 지역경제를 활성화하기 위해 지정한다. 도시첨단산업단지는 지식산업·문화산업·정보통신산업 등의 육성을 위해 지정된 산업단지이다. 마지막으로 농공단지는 농어촌지역에 농어민의 소득증대를 위해 지정하는 산업단지를 말한다.[5]

국가산업단지 이외의 산업단지들은 시·군 수준의 지자체에 지정할 권한이 있다. 그중 일반산업단지와 농공단지에 지방 중소도시가 유독 매달리고 있다. 바로 일자리 때문이다. 지방 중소도시에 공급된 산업단지의 경우, 1000m^2당(약 300평당) 약 2명 정도의 고용효과가 있다.(물론 서울이나 대도시 산업단지의 면적당 고용이 압도적으로 높다!) 만일 100만m^2, 그러니까 약 30만 평의 산업단지를 조성한다면 대략 2000개 정도의 일자리가 창출되는 것이다. 이런 일자리 증가는 지역에 어떤 효과를 가져올까?

먼저 일자리를 따라 외부지역에서 새로 인구가 유입될 것이다. 산업단지의 경우, 외부 인구 유입률은 얼추 50% 정도로 본다. 어떤 도시 내 산업단지에 2000개의 일자리가 창출되면 1000명 정도는 다른 도시에서 유입된다는 이야기다. 외부에서 유입된 근로자들 중 상당수는 홀몸이 아닌 가족 단위로 움직인다. 혼자 온 근로자도 꽤 있을 테니 하나의 일자리당 평균 2인 가족이 옮겨 온다고 가정해보자. 그럼 그 도시는 2000명(=근로자 1000명+식구 1000명)의 새로운 인구를 외부에서 받게 된다. 인구증가에 따른 파급효과도 이어진다. 이들 2000명은 해당 도시에서 이발도 하고, 밥과 빵도 사먹어야 한다. 사우나도 가야 하고, 체육시설이나 오락시설도 이용한다. 이들을 위한 서비스업도 함께 성장하게 된다.

산업단지로 촉발되는 효과가 이렇게 크니, 지방선거에 나선 후보들은 너도 나도 산업단지 추진 공약을 남발하고 있다. 시장이나 군수 후보자뿐만 아니라 광역 및 기초의원 후보자들도 자신을 뽑아주면 산업단지를 추진하겠다고 나선다.[6] 상황이 이러하니 지방 산업단지의 수는 꾸준해 증가해왔다. 2008년 '산업입지 인허가 절차 간소화를 위한 특례법'은 통상 2년 이상 걸리는 산업단지 개발의 행정절차를 6개월로 줄여주었다. 특례법이 제정된 후, 지자체장

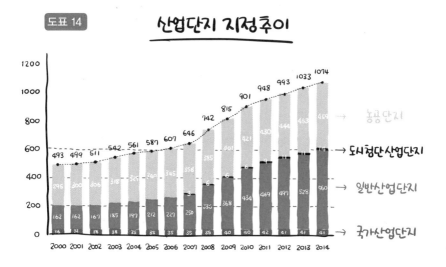

도표 14

산업단지 지정추이

과 지역구 의원들이 주민의 표를 얻기 위해 경쟁적으로 산업단지 유치를 최우선 공약으로 내걸었다.[7] 결과적으로 산업단지의 수는 더욱 빠르게 증가했다.

최근 6년 동안 200곳 이상의 산업단지가 새롭게 개발되었다. 실로 엄청난 규모다. 하지만 일단 '짓고 보자'식의 산업단지 개발에 문제가 터지기 시작했다. 의욕만 앞세운 지방 산업단지가 기업 유치에 실패해 무더기 미분양이 발생한 것이다. 산업단지를 조성할 때는 입주기업에게 시가에 비해 낮은 가격으로 토지를 제공한다. 또한 세제지원과 규제완화 등의 혜택도 준다. 그럼에도 입주할 기업을 찾는 데 애를 먹고 있다. 일단은 경기가 좋지 않기 때문이다. 하지만 이보다 더 큰 이유는 수요에 비해 너무나 많은 산업단지가 공급되었기 때문이다. 2011년 126km^2였던 전국 산업단지의 미분양

면적은 2016년 306㎢로 약 2.5배 정도 증가했다.[8] 서울시 면적의 반 정도가 미분양 산업단지로 놀고 있는 셈이다.

최근에 준공된 국가산업단지들은 기업 유치에 더 고전하고 있다. 충남 당진시에 1200만㎡(약 364만 평) 규모로 조성된 석문국가산업단지는 2015년에 준공되었다. 하지만 준공 후 2년이 지나도록 분양률이 27%에 불과하다.[9] 기업의 입주율은 3% 정도이다. 석문국가산업단지 조성에는 무려 1조4000억 원이 투입되었다. 이는 당진시의 두 해 예산보다도 많은 돈이다. 국가산업단지는 중앙정부가 산업단지의 조성을 완료한 후 지자체에 기부체납한다. 그러니 관리비는 당진시가 부담해야 한다. 관리비만 연간 40억 원에 달한다. 당진시는 정부가 수도권 규제를 완화했기 때문에 기업이 지방으로 내려오지 않는다고 주장한다. 김홍장 당진시장의 목소리를 직접 들어보자. "수도권 규제 완화로 지역에 내려오는 기업이 적어 석문 산단이 텅 비어 있는 상황에서 막대한 관리비용을 지자체에 떠넘기는 것은 불합리하다. (…) 산업단지가 채워져야 세수가 늘고, 지자체에서도 산업단지 관리를 감당할 수 있는 것 아니겠느냐. (…) 국가가 만들어 놓은 산업단지에, 국가가 책임지고 우수 기업이 입주하도록 대책을 마련해야 한다."[10]

국가가 직접 나서서 개발하는 국가산업단지도 이 정도로 분양이 어렵다. 포항에서 조성중인 610만㎡(약 185만 평) 넓이의 블루밸리 국가산업단지 1차 분양공고에는 1개의 업체만 분양 신청을 했다. 그나마 그 업체도 저조한 분양률을 지켜본 후 입주를 포기했다. 7360억 원의 사업비가 투입된 단지에 분양률 '제로'라는 결과는 많은 이들을 경악케 했다.[11] 구미 국가산단 5단지도 산업용지가 팔리지 않아 고전하고 있다. 이 산업단지는 934만m^2(약 283만 평)의 부지에 사업비 1조6000억 원이 넘는 대규모 단지다. 하지만 1차 분양에서 26만m^2만 팔렸을 뿐이다.[12]

지방의 일반산업단지나 농공단지의 상황은 더욱 열악하다. 실제로 국가산업단지의 미분양률은 2% 정도지만, 일반산단과 농공산단의 미분양률은 각각 7.2%와 5.6%로 높게 나타난다.[13] 이 수치가 그리 심각해 보이지 않는다고 안심해선 안 된다. 미분양 면적이 꾸준히 늘고 있다는 사실은 새로 만들어지는 산업단지의 분양이 더욱 힘들다는 걸 의미한다. 또한 현재의 미분양률에는 조성중이거나 착공 이전인 곳은 제외돼 있어, 앞으로 이 수치는 더욱 늘어날 전망이다. 준공 후에도 분양률이 50% 미만인 곳이 30곳에 달한다. 대부분의 산업단지가 선분양을 한다는 점을 감안한다면, 준공 후에 반도 채우지 못하는 곳은 정말로 심각한 것이다.

하지만 지방 중소도시는 이러한 현실에 눈을 감아버린다. 정종득 전 목포시장이 2013년 4월 대양일반산업단지 착공식에서 한 말을 들어보자. "대양일반산업단지가 조성되면 생산유발효과 2000억 원, 부가가치유발효과 1000억 원 등 총 3000억 원의 경제유발효과와 5000여 명의 고용창출효과가 예상돼 목포지역 경제활성화에 견인차 역할을 할 것입니다."[14]

목포시가 추진한 107만m^2(약 33만 평) 규모의 대양일반산업단지(사업기간 2013년 12월~2016년 5월)에는 약 2900억 원 정도의 사업비가 소요되었다. 목포시 2016년 예산이 6500억 원 정도니, 이 산업단지 조성에 목포시 한 해 예산의 45%나 들어간 것이다. 단지가 조성된 지 1년도 넘게 지났지만, 장밋빛 예상대로 5000명 고용효과에 3000억 원의 경제유발효과가 나타났을까? 그런 일은 없었다! 지금 이 산업단지는 목포시 재정을 빨아먹는 블랙홀로 남아 있다. 분양이 원활하지 않을 경우, 미분양 토지에 대해 목포시가 '책임지겠다!'고 약속까지 했기 때문이다.

어떤 사정인지 구체적으로 살펴보자. 목포시는 산업단지 개발을 위해 특수목적법인SPC ㈜목포대양산단을 설립했다. 개발에 참여하는 건설업체들은 법인 명의로 한국투자증권으로부터 사업비 전액을 빌렸다. 이 과정에서 목포시가 채무를 보증해주었다.[15] 법인이 돈을 갚지 못하면, 그 빚은 목포시가 고스란히 떠안게 되는 것이다. 또한 목포시는 완공 후 2년 6개월이 지나서도 남는 미분양 부지는 전부 매입해주겠다고도 약속했다. 원래 계약에 따르면, 한국투자증권에서 빌린 사업비의 50%는 준공시점, 32%는 준공 1년 후, 나머지는 준공 2년 6개월 후에 갚기로 되어 있었다. 물론 분양이 되어야 빌린 돈도 갚을 수 있다. 목포시는 그만큼 미래를 낙관적으로 본 것이다.

그러나 현실은 참담했다. 준공 후 1년도 넘게 지난 2017년 4월 현재에도 분양률은 27.3% 정도에 머물러 있다.[16] 그동안 분양을 위한 노력을 안 한 게 아니다. 2015년 4월에 서울 롯데호텔에서 100여 개 수도권 기업을 대상으로 설명회도 가졌다.[17] 목포시청 전직원을 대상으로 '1부서 1기업 유치' 운동을 벌이기도 했다. 분양에 큰 성과를 올린 직원에게는 승진도 약속했다. 시청 직원들은 기업 유치를 위한 세일즈맨이 되어 사방팔방으로 뛰어다녔다. 그래도 결과가 이랬다. 사실 '안 팔리면 대신 사주겠다!' '시청 직원도 영업해라!' 이런 파격적인 시도들은 산업단지의 공장 유치가 그만큼 어렵다는 뜻이기도 했다.

어쨌든 목포시의 발등에 불이 떨어졌다. 3단계로 나누어 변제하는 건 불가능해졌다. 이에 한국투자증권과 협의하여 2019년 4월에 일괄 대출금을 갚기로 약정서를 변경했다. 이제 목포시는 분양률을 높이기 위한 총력전에 들어갔다. 판매실적이 저조할수록 목포시가 감당해야 하는 부담이 커지기 때문이다. 현 시장 임기만료 시점인 2018년 6월까지 55.4%를 채운다는 계획도 세웠다. 55.4%는 목포시가 재정 위기를 모면할 수 있는 최소한의 분양률이다.

충북 영동군도 무분별한 단지개발사업으로 골머리를 앓고 있다. 대표적인 게 황간물류단지(사업기간 2012년 12월~2015년 2월)

다. 이 물류단지는 준공된 지 3년이 다 돼가지만, 아직 30%도 채워지지 못했다.[18] 민관 공동투자로 개발된 황간물류단지는 미분양 용지의 80%를 군에서 떠안는 조건으로 사업을 추진했다. 이 또한 파격적인 조건이다. 이런 파격적 조건은 사업성이 떨어지는 곳임을 방증한다. 산업단지 개발업체가 나서주질 않으니 지자체가 위험한(?) 조건을 제시하는 것이다. 이렇게 되면 개발업체는 손해 볼 게 없다. 분양이 안 돼도 수지맞는 장사다. 이들 입장에선 기업이 얼마나 들어오는지는 크게 중요하지 않다. 물론 분양이 많이 되면 더 좋을 것이다. 조금 더 큰 수익을 낼 수 있을 뿐만 아니라 지자체에 미안한 마음을 가지지 않아도 되니 말이다.

결국 영동군은 2015년 12월 미분양 용지(8만4380㎡)를 개발업체로부터 매입해야 했다. 매입 대금으로 75억 원을 지불했다. 지방세 수입이 137억 원에 불과한 영동군에게는 매우 큰돈이다.[19] 영동군에서는 인근의 대전·대구·충남·경북 등지의 기업들을 유치하기 위해 하루 2~5회의 라디오 광고도 하고 있다. 또한 조례까지 개정하며 투자비용의 5% 내에서 지원금을 주기로 했다. 이게 끝이 아니다. 부동산중개업자의 노력으로 분양계약이 이루어지면 계약 금액의 0.9%를 알선 대가로 주기로 했다. 영동군의 짐이 되고 있는 건 황간물류단지만이 아니다. 사업비 900억 원이 투입된 영동산업단지(사업기간 2007년 12월~2017년 2월)도 미분양이 장기화되고 있다. 2017년 4월 현재, 전체 산업용지 중 분양률은 16.6%에 그치고 있다.[20] 영동군은 군수 명의의 투자제안서를 1200여 기업에 보내인·허가를 군에서 대신해주고 세금 혜택도 주겠다고 제안했다. 분양대금도 10년간 분할납부할 수 있게 하는 파격적인 제안도 했다. 하지만 이런 제안에 선뜻 투자의사를 밝히는 기업은 많지 않은 듯하다.

지자체에서 안 팔린 부지를 떠안겠다는 조건을 단 경우는 상당히 많다. 전남 순천시는 대우건설과 해룡일반산업단지(사업기간 2003년 12월~2017년 12월)를 공동으로 개발하면서 미분양이 발생하면 이를 모두 매입해주겠다는 조건을 달았다. 117만2960㎡(약35만 평)의 면적에 총사업비가 3000억 원이 넘는 대규모 산업단지다. 분양은 2014년 7월부터 시작되었다. 하지만 3년이 지난 2017년 4월 현재 분양률은 23.2%에 그치고 있다.[21] 이대로 가다간 해룡일반산업단지가 순천시의 재정에 큰 타격을 줄 것으로 예상된다. 만일 분양률이 25% 수준에 머물면 순천시는 826억 원을 지불해야 한다. 분양률이 50%까지 높아져도 551억 원은 부담해야 한다. 지방세 수입이 1000억 원 정도에 불과한 순천에게는 크나큰 부담이 아닐 수 없다.

지방도시들이 이토록 파격적인 조건을 내거는 이유는 간단하다. 주변 도시에도 빈 산업단지가 너무 많다보니, 이런 조건이라도 걸지 않으면 관심을 보일 개발업체를 찾기 어려워서다. 결국 개발업체에 특혜성 지원을 해줌으로써 기업 빼가기 경쟁에 뛰어드는 것이다. 설상가상으로 지방 산업단지는 기업들의 투기용으로 사용되기도 한다. 새롭게 공급된 산업단지는 주변 시세에 비해 싼 경우가 일반적이다. 대규모로 싼 땅을 사들여 개발했을 뿐 아니라, 기본적으로 산업단지의 분양가는 조성원가 수준에서 결정되기 때문이

다.[*22]

　기업들은 이 점을 이용해 산업단지 안의 땅을 분양받은 뒤 공장을 짓기 전에 되팔아 수억 원, 혹은 수십억 원의 차익을 남기기도 했다. 산업단지를 투기의 수단으로 활용하는 것이다. 법적으로 기업들은 분양 후 3년 내 공장을 지어야 하고, 공장 완공 후 5년 동안 매각할 수 없다.[23] 하지만 예외도 있다. 경영 악화나 파산을 겪는 경우에는 매각이 가능하다. 이런 법의 허점을 이용한 기업도 많다.[24] 울산의 사례를 보자. 울산시의 네 개 일반산업단지에 입주한 130곳의 업체 중 25곳이 공장을 짓기도 전에 매각했다. 한 기업은 2008년 36억 원에 분양받은 토지를 3년 만에 82억 원을 받고 팔았다. 또 다른 기업은 2007년 34억 원에 분양받은 부지를 4년 후에 팔아 10억 원의 차익을 남겼다.

　지자체들도 땅 투기에 눈독을 들이는 기업이 있다는 걸 잘 안다. 또한 기업 유치가 실패하면 재정 파탄이 올 수 있다는 우려도 한다. 최악의 시나리오가 현실이 될 수 있다는 걸 알면서도 산업단지는 지방 중소도시에게 몇 안 되는 생존수단이니 어쩌랴. 그래서 산업단지를 향한 구애를 멈추지 않는다. '묻지마 산업단지 개발'의 끝에는 과잉 공급으로 인한 '텅 빈 산업단지들'이 기다리고 있다. 경제 한 번 살려보자고 무분별하게 유치한 산업단지는 이처럼 지방

● 　단위면적당 조성원가(원/㎡)는 '총사업비'에서 '총유상공급면적'을 나누어서 계산한다. 총사업비에는 용지비·용지부담금·조성비·기반시설설치비·직접인건비·이주대책비·판매비·일반관리비·자본비용 등이 포함된다. 유상공급면적이란 사업시행자가 국가나 지자체에 무상으로 넘겨주는 땅(예를 들어, 도로나 녹지 등)을 제외하고 '실제로 팔 수 있는 토지'의 면적을 의미한다.

중소도시의 재정을 좀먹는 애물단지로 전락한다.

온 동네가 축제인 지방

지방 중소도시가 경제를 살리기 위해 힘을 기울이는 분야가 또 하나 있다. 바로 '관광산업'이다. 관광할 거리가 지방에 많아서가 아니다. 적은 투자비용으로 높은 효과를 얻는 데 관광산업만큼 좋은 게 없기 때문이다. 산업단지를 통해 지역경제를 활성화시키려면 많은 '시간'과 큰 '돈'이 필요하다. 토지 매입도 필요하고, 건물도 짓고, 도로도 깔아야 한다. 이런 대규모 사업에서 뭔가가 잘못된다면 큰 위험이 닥칠 수 있다. 하지만 관광산업은 다르다. 사실 드라마 세트장, 레일바이크, 축제 등에 투입되는 돈과 노력은 산업단지에 비해 그리 크지 않다.

1990년대 중반 지방자치제도가 도입되면서 지방도시들은 지역축제를 육성하는 데 큰 관심을 기울였다. 축제가 대박나면 도시가 북적이게 될 것이고, 지역경제도 살아날 것이다! 도시 홍보도 많이 되고, 주민들의 자존감을 높이는 기회가 될 것이다! 이런 확고한 믿음에서다.

그 가열찬 노력들을 열거해보자. 문경은 석탄박물관을 만들고, 드라마 세트장을 건설하고, 기차 폐선로에 레일바이크를 만들었다. 또 다른 탄광도시인 태백도 마찬가지다. '산소도시'를 표방한 태백은 레이싱파크, 태백산 도립공원의 눈썰매, 태백산 눈축제, 쿨 시네마 페스티벌, 유채꽃축제에 돈을 썼다. 태백은 온 동네가 축제다. 제천은 어떠한가? 청풍랜드부터 시작해 청풍호 벚꽃축제, 제천 국제음악영화제, 금수산 전국산악마라톤대회, 제천 의병제, 박달가 요제, 제천 한방바이오박람회… 여기도 온 동네가 사시사철 축제 다. 보령시도 축제의 도시다. 전 국민이 다 알고 있는 보령 머드축 제부터, 천북 굴축제, 무창포 신비의 바닷길 축제, 무창포 대하·전 어축제, 대천항 수산물축제, 성주산 단풍축제, 주산 봄꽃축제, 해넘 이·해맞이축제, 온새미로축제, 보령 김축제 등 사계절 끊이지 않는 축제로 가득하다. 다른 중소도시들은? 일일이 언급하지 않아도 알 것이다. 하지만 이들 도시에는 '축제'라는 이름에 걸맞은 북적거림 은 거의 없다. 요란한 현수막과 만국기로 덮여 있지만, 정작 손님 없는 축제다. 축제는 원래 즐거워야 하는 것이다. 하지만 손님 없는 축제에는 흥겨움 없이 지방도시의 아픔만 도드라진다.

답사차 찾아가 보았을 때 쇠퇴도시의 관광지들은 70~80% 이 상이 매우 한산한 분위기였다. 인근의 관람시설도 마찬가지다. 1시 간 이상의 시간을 머물며 둘러보았던 박물관이나 문학관에서 답사 팀 외의 사람들을 찾아볼 수 없는 경우도 많았다. 심지어 한 박물관 에서는 불을 끄고 있다가, 탐사팀 일행이 들어오는 걸 본 안내원이 전시등을 켜기도 했다. 왜 불을 끄고 있었냐고 묻자 돌아오는 대답 은 간단명료했다. "전기세 나가잖아요!" 사방에 램프등이 많고 꽤 널찍했으니 이 전등을 다 켜놓으면 전기세가 꽤 나갈 것 같긴 했다. 나가다 안내원의 요청으로 방명록에 서명하면서 다른 방문자들의 명단을 보게 되었다. 오늘 5명 방문, 어제 14명 방문, 그저께 6명 방 문. 관람하는 입장에서도 전기세가 아깝게 느껴졌다.

　문화가 번성했던 곳, 그래서 관광하기 좋은 곳이라 외치는 지방 중소도시들도 많다. 하지만 이러한 주장의 이면에 가려져 있는 불안의식을 한 학자는 이렇게 지적한다.

　우리가 문화를 외치며 문화를 문제 삼는 경우는 대체로 정책적으로 궁지에 몰리거나 아니면 우리 사회에 큰 위기감이 드리워졌을 때이다. 우리가 IMF로부터 구제금융을 빌려 쓰기 시작하면서 전에 없이 문화를 강조했던 것도 바로 그 사례의 하나이다. 그런데 이러한 분위기가 그대로 지방에서도 나타나고 있다. 지역에 공장이 들어오고 경기가 좋아지면 문화 같은 것은 아랑곳하지 않는다. 그러다가 경기가 나빠지고 무언가 힘에 부치는 일이 생기면 그때 가서야 비로소 문화를 운운하기 시작하는 경우가 많다. 그러나 문

화를 이처럼 아무것도 기대할 것이 없을 때 마지막으로 기댈 수 있는 도피처로 이해해서는 안 된다.[25]

거의 예외가 없다. 최근에 조선업 불황으로 어려움을 겪고 있는 거제시 역시 본격적인 관광마케팅을 시작했다. "한 번도 오지 않은 사람은 있어도 한 번만 온 사람은 없는 거제를 위하여"가 슬로건이다.[26] 대도시의 주요 역사驛舍에는 거제시를 알리는 마케팅이 진행 중이다. 전국의 영화관에서, 드라마 촬영지에서, 그리고 대도시의 옥외광고판에서 거제의 아름다운 자연과 문화유산이 소개되고 있다. 거제시뿐만이 아니다. 서울역·용산역 등의 대형 역사와 지하철역에 갈 기회가 있을 때 주변을 잘 둘러보시라. 여러 다양한 광고들이 즐비한 가운데 지방 중소도시에서 의뢰한 광고를 상당히 많이 발견할 수 있을 것이다.

"새로운 삶의 시작! 귀촌귀농은 전북에서" "대한민국 생태수도 순천, 아! 순천만" "정성으로 키워낸 최고의 맛과 향, 보성녹차" "산소도시 태백" "아저씨, 이 차 횡성가요? '횡'재할 수 있습니다. '성'공할 수 있습니다" "대한민국 대표 찰옥수수는 역시 홍천이쥬!" "천혜의 청정지역 청양" "사계절 아름다운 관광도시 정읍으로 초대합니다" "삼국유사의 고장 군위" "길 따라 들리는 태안 이야기, 그 아름다운 충청도 태안에 가고 싶다" "영암에 오시면 대한민국 한옥건축의 미래가 보입니다" "꿈꾸던 바다 청정도시 속초" 등등. 모두 즐겁고 설레고 희망에 찬 메시지와 이미지의 광고들이다. 하지만 이러한 광고 속에는 지자체들이 차마 '말하지 못하는' 어려움이 감춰져 있다. 인구유출과 도시 쇠퇴로 인해 생존의 위협에 쫓기고 있다는 점 말이다.

단군 이래 가장 많은 축제가 열리고 있는 상황은 지방도시들이 겪는 어려움의 역설적 표현인지도 모른다. 2014년 기준으로 큰 규모의 축제(광역시 축제예산 5억 원 이상과 기초자치단체 3억 원 이상)는 361개 정도다. 상대적으로 적은 예산이 소요되는 축제까지 모두 합하면 한 해 1만5000개 정도라고 한다. 문제는 대부분의 축제가 적자라는 사실이다. 361개의 축제 중 유일하게 흑자를 낸 건 화천의 산천어축제뿐이었다.[27] 꽤 성공한 축제로 알려진 보령의 머드축제조차 적자였다. 물론 지역축제를 단일 사업처럼 '비용 대비 수익'의 관점에서만 얘기할 수는 없다. 축제가 개최되면 덩달아 지역의 관광지에도 사람들이 많이 방문하고, 음식점이나 숙박시설 등의 이용도 늘어나기 때문이다. 하지만 아무리 그렇다고 수지타산을 따져보지 않는 것은 문제다. 많은 수의 지역축제에 정부가 예산을 지원하고 있고, 지자체가 자체적으로 투입한 돈 또한 적지 않으니 말이다. 수지가 맞아야 축제도 지속가능하고 명분도 갖출 수 있다.

이렇게 예산 낭비로 끝나는 지역축제가 태반인데도, 어떤 지역에서 축제가 성공했다고 알려지면 주변 지역에선 너도나도 따라 축제를 개최한다. 물고기 잡는 행사는 화천의 산천어축제만 있는 게 아니다. 파주·평창·가평에는 송어축제가 있고, 인제·강화·양평·안성·이천에는 빙어축제가 있다. 평택에는 메기 잡기 축제, 예천에는 은붕어 잡기 축제, 속초에는 오징어 잡기 축제, 함평에는 뱀

장어 잡기 축제가 있다. 그 물고기들이 해당 지역의 특성과는 전혀 상관이 없는 경우도 많다. 한 해 100만 명이 넘게 방문하는 화천의 산천어축제는우리나라의 대표적인 축제라 할 만하다.[28] CNN도 겨울철 7대 불가사의로 선정했을 정도지만, 놀라지 마시라. 화천의 개울엔 산천어가 없다. 강원도 영서지방에는 예전부터 산천어가 살지 않았다. 산천어가 살지 않는 곳에서 웬 산천어축제? 맥락이 없이 성공한 게 더욱 불가사의할 정도다. 다른 곳도 마찬가지다. 파주에 송어? 안성에 빙어? 평택에 메기? 이 또한 맥락 없기는 마찬가지다.

지역학을 전공하는 한 교수에게서 이런 이야기를 들은 적이 있다. 어느 날 ○○군 군수를 만났는데, 군수의 기분이 너무 좋아 보였다. 군에서 준비한 축제가 성공적으로 개최되었기 때문이다. 교수가 군수에게 이렇게 물어보았단다.

"물고기가 버글버글하던데, 그 많은 물고기는 어디서 잡아온 것입니까?"

"하하, 교수님. 인근 양식장에서 구해서 쫙 풀었어요. 사람들이 좋아하더군요. 축제는 대표적인 P&G 산업이에요. P&G가 뭐냐고요? 뻥&구라라는 뜻이에요, 하하."

지역민의, 지역민에 의한, 지역민을 위한 축제?

축제가 P&G라도 좋다. 악의 없는 P&G가 지역경제에 도움이 될 수 있다면 말이다. 하지만 대부분의 P&G 축제들은 성공하지 못하고 적자만 보고 있다.

전체 관광객은 늘었다고 하는데, 왜 이리 지역축제는 한산할까? 주5일제 근무가 보편화되기 시작한 2004년부터 관광객은 꾸준히 증가했지만, 해외관광객 수만 늘었을 뿐이다.* 국내관광객 수는 거의 증가하지 않았다. 관광통계를 보면, 국내 국민여행 이동총량일수는 주5일제 근무가 시작된 때에 3.5억 일 수준이었다.(이 3.5억 일은 모든 국민들의 여행일수를 다 합쳐서 계산되는 것이다.) 그런데 2012년에도 3.6억 일 수준에 불과했다. 주5일 근무가 국내관광에 미친 영향은 미미한 셈이다.

내국인 관광객 수가 정체되었던 것과 달리, 중소도시에 늘어난 관광지의 숫자는 과히 폭발적이었다. 전국의 대다수 도시들이 관광객을 유치하기 위해 소매를 걷어붙였다. 중소도시들은 관광산업 이상의 대안을 찾지 못했기 때문에 관광객 유치에 사활을 건 측면도 컸다.

사실 지방 중소도시들이 중국인이나 일본인 등의 외국인 관광객을 유치한다는 건 언감생심인 면이 많다. 외국 관광객들을 끌어모으기에는 중소도시의 관광인프라가 보잘것없기 때문이다. 그래서인지 지방 중소도시의 관광지에는 영어나 중국어 등의 외국어를 같이 써둔 안내문을 보기 힘들다. 순전히 내국인 대상으로 장사를 하는 것이다. 물론 중소도시의 축제, 그리고 역사탐방에 대한 내국인 관광객들의 관심이 증가하고 있긴 하다. 하지만 이러한 관심에

● 2004년 약 880만 명이던 해외여행객 수는 2012년 약 1370만 명으로 두 배 가까이 늘었다. 해외여행은 계속 늘고 있어서 2016년에는 2200만 명이 해외로 나갔다.

비해 지방 중소도시의 관광지가 압도적으로 빨리 증가했다.

'중소도시 관광산업 투자 증가'와 '내국인 국내 관광객 정체'가 만나면? 나타날 수 있는 결과는 뻔하다. 지방의 한 도시에서 관광객을 데리고 가면, 다른 도시는 관광객을 빼앗겨야 한다. 바로 제로섬 게임의 구조가 지방도시 관광산업에 적용되는 것이다. 전체의 몫(내국인 관광객 수)이 한정되어 있으니 경쟁은 치열해질 수밖에 없다. 그러면 더 많은 투자의 유혹에 빠진다. 다른 도시들은 또 가만히 있겠는가. 타지역을 곁눈질하면서 투자를 따라서 높인다. 이런 경쟁으로 관광 아이템의 질이 높아지고, 총 국내여행 관광객 수가 늘어난다면야 이보다 좋을 순 없을 것이다. 하지만 그런 일은 일어나지 않았다. 지방 중소도시들에게 관광업의 질을 컨트롤할 수 있는 정도의 능력은 없기 때문이다.

물론 지방에서 기획한 몇몇 축제들이 큰 성과를 내기도 한다. 보령 머드축제, 안동 국제탈춤페스티벌, 함평 나비축제, 그리고 익산의 서동축제 등은 전국 각지에서 사람들을 끌어 모으는 성공적 축제로 자리 잡았다. 하지만, 우리가 기억해야 할 사실이 있다. 성공한 사례인지 실패한 사례인지를 떠나, 이러한 관광 이벤트의 이면에는 생존의 기로에 선 각 도시들의 노력이 있다는 것을! 그리고 성공한 지역 축제 몇 개가 있다고 해서 지역경제가 빠르게 활성화되지는 않는다는 사실을! 그 이유는 지방 중소도시에는 체류형 관광이 드물기 때문이다. 관광객이 늘었다고 하는 지역 또한 시내의 호텔과 콘도는 비어 있는 경우가 허다하다.

앞서 봤던 춘천의 예가 그러하다. 호수와 막국수, 닭갈비로 유명한 관광도시 춘천을 찾는 관광객은 2007년에 500만 명 수준이었다가 경춘고속도로와 전철 및 ITX-청춘열차 개통으로 2012년에는 1000만 명이 넘었다. 하지만 춘천시는 이런 관광객의 파급효과를 잘 체감하지 못한다. 대부분의 관광객이 당일치기로 시내를 둘러본 후 떠나기 때문이다.

나비축제로 유명한 함평군도 예외가 아니다. 함평은 원래 소득도 낮고, 자원도 없는 지역이었다. 지방자치제도가 도입될 무렵 다른 지자체와 마찬가지로 함평군에서도 축제에 관심을 기울였다. 특별한 관광자원이 없던 함평군에서는 원래 유채꽃 축제를 기획했었다. 하지만 유채꽃으로 유명한 제주도와의 경쟁에서 밀릴 것을 우려하여 나비로 관심을 돌리게 된다.[29] 그러나 시골에서 나비는 너무도 흔한 것이다. 그래서 군민들의 반대가 심했다고 한다. 하지만 이석형 전 군수는 나비축제의 성공을 확신했고, 1999년 제1회 나비축제가 개최되었다. 1회 축제에 5일 동안 무려 3만 명이 다녀갔다. 나비를 쫓아 북적거리는 인파는 축제를 기획했던 사람들조차 놀라게 했다. 2016년 나비축제 방문객은 30만 명에 육박했다.[30] 축제 입장객수 기준이니 실제 함평 방문객은 이보다 훨씬 더 많았을 것이다. 나비축제는 함평을 180도 바꾸어놓았다. 정체되고 칙칙한 이미지의 함평이 밝고 청정한 함평으로 거듭난 것이다.

나비 마케팅은 함평군에 '청정'의 이미지를 입혀주었다. 청정지역에 사는 나비를 활용했기 때문이다. 이런 이미지 효과는 함평군에서 생산된 쌀과 오이에 대한 호감도를 높이는 긍정적 효과도 가져왔다. 나비 도시의 이미지는 입소문을 타고 빠르게 번져나갔다.

실제로 함평군은 '나비 쌀' '함평천지한우' '복분자와인 레드마운 틴' 등의 특산물에 청정지역 이미지를 씌어 마케팅을 하고 있다. 물론 함평군이 특별히 나비가 많은 지역은 아니다. 축제를 처음 개최할 때에도 함평군은 청정지역과는 거리가 멀었다. 나비는 제주도에서 잡아와 번식시킨 뒤 풀어놓은 것이다. 나비축제로 함평을 바꾼 정헌천 소장의 말이다.

"처음 이석형 군수와 의기투합하여 나비축제를 하자고 제안했을 때 90% 이상의 주민이 반대했다. '함평하고 나비하고 무슨 상관이 있나?' '이런 촌구석까지 누가 구경하러 오겠어?' 제1회 나비축제가 열리는 해인 99년 2월, 나비 10만 마리를 책임지겠다고 장담한 나는 곤충연구소 직원들과 함께 제주도로 건너갔다. 우리나라에서 제일 빨리 봄이 찾아오는 곳, 그래서 나비도 가장 먼저 나타나는 곳이 제주기 때문이다. 제주도의 들판과 오름을 쏘다녔지만 좀체 나비는 얼굴을 드러내주지 않았다. 다행히 마지막 날 애월읍에서 한 무리의 나비를 만났다. 양배추 집단재배 지역이었기 때문이다. 배추흰나비 애벌레를 100여 마리 잡아와 곧바로 유리온실로 옮겨 부화시켰고, 이 100마리가 1만 마리로, 1만 마리가 10만 마리가 되는 기간은 두 달밖에 안 걸렸다."[31]

축제 기획자들에게 '나비를 팔아먹은 현대판 봉이 김선달'이란 별칭도 붙었다. 하지만 축제 때 풀어놓은 나비가 함평산이든 제주산이든 무슨 상관이랴. 아무튼 함평군의 나비축제는 대박이 났으니까. 함평군은 친환경 농산물이 과거에 비해 불티나게 팔리고 있다고 선전한다. 2008년에는 세계 나비·곤충엑스포도 추진했다.

『함평 나비축제의 성공 요인 연구』(2009), 『나비의 꿈』(2009), 『함평 나비혁명』(2009), 『Wow 곤충탐험대: 나비의 꿈』(2014) 등 함평의 성공을 극찬한 책들도 쏟아져 나왔다. 학계에서도 함평 나비축제의 성공에 들떴다. 구글 스칼라(https://scholar.google.com/)에 '함평 나비축제'라는 키워드를 넣어보시라. 엄청난 수의 논문들이 쏟아져 나온다. 함평의 나비축제를 언급한 논문만 800건에 가깝다. 이 중 가장 많이 인용된 한 논문[32]은, 2004년에 개최된 제6회 함평 나비축제가 5억8000만 원의 사업비에 125억 원의 생산유발효과를 가져온 것으로 추정했다. 비용 대비 26배나 되는 어마어마한 효과다. 게다가 300명 이상의 고용증가와 약 34억 원의 소득증가도 있었다고 강조했다.

축제를 통해 재기를 노리는 지방도시들에게 함평군은 선망의 대상이다. 하지만 정작 함평군민은 이러한 성공을 크게 체감하지 못한다. 주민들은 군에서 얘기하는 연간 100~200억 원의 직간접 효과가 자신들과는 큰 관련이 없다고 여긴다. 주민들의 소득에도, 지역경제를 활성화하는 데도 그리 큰 기여를 하지 못했다고 생각한다. 물론 이에 대한 반박도 많다. 나비축제가 아니었다면, 한갓 시골마을이었던 함평군이 이리도 유명한 지역으로 알려질 수 있었을까? 이런 유명세가 아니었다면 함평의 쌀을 밖에다 내다팔기라도 할 수 있었을까? 맞다. 나비축제가 아니었다면 함평은 훨씬 더 쪼그라든 모습으로 남았을 수 있다. 아무도 기억하지 못하고 관심도 없는 쇠퇴 농업지역으로 말이다.

하지만 우리가 주목해야 할 또 다른 사실이 있다. 나비축제를 처음 시작한 1999년 이후로 함평군의 인구는 꾸준히 감소했다. 1999년 함평군의 인구는 4만6830명이었다. 2006년에는 4만 명 선을 지키지 못하고 3만7998명으로 줄어들었다. 이후에도 인구는 꾸준히 줄어 2017년 6월 현재 3만4401명에 이르고 있다.[33] 이 추세대로라면 앞으로 10년 내 인구 3만 명 선이 무너질 수도 있다. 성공적인 지역축제가 매년 수백억 원의 직간접 효과를 창출하고 있지만 인구는 계속 떠난다? 무언가 이상하다. 이 유명한 지역을 사람들이 등지는 이유는 간단하다. 앞서 수차례 강조했듯이 일자리가 없기 때문이다. 함평의 나비축제는 1년 열두 달 중 5월에 10일 정도만 열리는 단발 행사다. 지역 주민들의 일자리와 연결되기 힘든 구조이다. 청정 이미지로 특산물인 '나비쌀'을 파는 것도 한계가 있다.

며칠 동안의 반짝 축제가 성공적이라고 지역경제가 활성화되는 건 아니다. 성공한 대규모의 축제조차 일자리를 만들어내는 데는 그리 효율적이지 못하다는 게 과거 10년 이상의 경험을 통해 입증되었다. 축제가 필요 없다는 이야기가 아니다. 축제가 외부 관광객을 끌어들여서 돈을 버는 데만 초점이 맞추어져서는 안 된다는 얘기다. 기본이 튼튼해야 일자리를 창출하는 수단도 되는 것이다. 지역경제를 튼실히 세우는 데 기여하지 못하는 축제는 예산만 낭비하게 된다.

카지노 사업으로도 살릴 수 없는 쇠퇴도시들

석탄산업의 활황기에 한때 영화를 누렸던 도시들을 얘기한 바 있다. 강원도의 태백시·정선군·삼척시·영월군 등이다. 탄광도시들에서는 석탄산업 합리화 정책(채산성이 낮고 영세한 탄광들을 폐쇄했던 정부의 정책)에 따라 수십만 명이 길거리로 나앉을 판이었다. 정부도 고민했다. 1995년 공포된 '폐광지역 개발 지원에 관한 특별법'(약칭 '폐광지역법')이 이런 고민의 결과다. 폐광지역법은 "석탄산업의 사양화로 인하여 낙후된 폐광지역廢鑛地域의 경제를 진흥시켜 지역 간의 균형 있는 발전과 주민의 생활 향상을 도모함을 목적으로 한다".(폐광지역법 제1조)

그럼 폐광지역의 경제를 어떻게 살린단 말일까? 폐광지역에는 재정지원과 농공단지 및 대체산업에 대한 지원뿐만 아니라 도시개발을 용이하게 하는 여러 가지 특례들이 적용되고 있다. 이 많은 지원책들 중에 단연 눈에 띄는 정책이 있다. 바로 '카지노업 허가'에 관한 것이다.

정선군에 자리한 강원랜드 카지노는 이 폐광지역법에 근거해 탄생했다. 이 사업이 무조건 '대박 날 사업'인 건 누구도 의심하지 않았다. 허가된 도박사업은 실패한 경우가 거의 없는 '황금알을 낳는 거위'기 때문이다. 경마·경륜·복권뿐만 아니라 지금은 금지된 성인오락실을 생각해보라. 다들 운영만 하면 대박이 났다. 하지만 정선군에 개장된 강원랜드 카지노는 대박을 넘어 '초대박'이 기대되었다. 유일하게 내국인 출입을 허용하는 '오픈 카지노'였기 때문이다. 이전까지 있던 카지노들은 외국인들만 출입이 가능했다. 게다가 국내 최대 규모로 지어질 것이었다.

강원랜드는 폐광지역법을 근거로 자본금 510억 원을 마련해 1998년에 설립되었다. 석탄사업합리화사업단(현재는 한국광해관리공단)이 36%, 강원도개발공사가 6.6%, 정선군 4.9%, 태백시 1.25%, 영월군이 1%를 출자해 공공부문이 지분 51%를 보유했다. 예상은 빗나가지 않았다. 2007년에 연간 매출 1조 원을 돌파했고, 이후에도 광속 성장을 거듭했다. 2016년 현재 강원랜드의 총매출액은 약 1조7000억 원에 이른다. 이는 영업중인 16개의 외국인 전용 카지노 매출액을 모두 합한 금액보다도 크다. 영업이익은 약 6200억 원 정도이며, 기업이 순수하게 가져가는 이익인 당기순이익은 약 4500억 원으로 나타나고 있다.[34]

이렇게 성장하니 고용효과도 무시할 수 없다. 2015년 기준으로 강원랜드의 직원은 3467명이다. 이들의 급여로 2165억 원이 지불된다. 협력업체의 고용창출 효과도 3291명에 달한다.[35] 이들과의 계약액도 936억 원으로 보고되고 있다. 지역 내 고용효과도 만만치 않다. 협력업체 고용의 경우 대부분은 폐광지역 출신들로 채워지고 있다. 강원랜드 직원의 반 정도도 폐광지역 출신이다.[36] 카지노 사업이 지역경제에 미치는 영향도 대단하다. 강원랜드 주변의 땅값이 큰 폭으로 올랐다. 식자재도 지역에서 구매하고, 건설공사도 지역업체가 수주하고 있다. 설립 이후 2016년까지 강원랜드가 납부한 세금은 총 5조7290억 원인데, 이 중 1조6542억 원이 지방세다. 또한 폐광지역발전기금(폐광기금)은 1조6000억 원이 넘는다.[37] 이 돈은 폐광지역의 지역개발사업비로 사용된다.

카지노 수익을 통해 폐광지역에 뿌려지는 돈은 천문학적 스케일이다. 하지만 강원랜드는 미래가 보장돼 있지 않다. 카지노 사업을 가능하게 한 폐광지역법은 일정기간이 지난 뒤 폐지되는 '한시법'이기 때문이다. 이 법은 2005년 종료를 앞두고 2015년까지 한 차례 연장되었다. 이유는 간단했다. 폐광지역에 다른 회생의 기미가 없어서다. 그리고 2011년에는 법의 만료시한을 몇 해 앞두고 두번째로 연장을 결정했다. 이로써 내국인 출입 카지노의 지위는 2025년까지 유지될 수 있다. 만료시한까지 8년 정도밖에 남지 않았다.

그럼 그때까지도 폐광지역이 살아날 기미가 보이지 않는다면? 폐광지역법을 계속 연장해야 하는 걸까? 1995년 폐광지역법 시행 이후 20년간 폐광지역을 살리기 위해 투입된 국비·도비·기금 등은 총 2조5000억 원이 넘는다. 강원랜드로부터 나온 직간접적 지원액도 1조6000억 원이 넘었다. 이에 더해 대체산업육성 융자금, 민간 투자, 광산피해복구비까지 합치면 총투자액은 더욱 커진다.[38] 지난 20년 동안 5조 원에 가까운 돈이 투입된 것으로 추정되고 있다.[39] 하지만 폐광지역은 여전히 침체 상태며 인구는 계속 빠져나가고 있다. 강원발전연구원에서는 "2025년 폐광지역법 시효 종료 시 내국인 출입 가능 카지노 독점권이 불확실하다. (…) 강원도, 폐광지역, 강원랜드 모두가 2025년 이후 강원랜드 생존에 대해 고민을 시작해야 한다. (…) 폐광지역 경제 진흥 핵심 사업으로 강원랜드가 운영되지만, 폐광지역은 지속적인 인구유출과 침체 굴레를 벗어나지 못하는 현실"이라고 강조했다.[40] '폐광지역이 회생될 때까지'라는 조건이 계속된다면 2025년 이후에도 또 내국인 출입 카지노의 독점권을 연장해야 할 판이다.

카지노 사업이 폐광지역을 회생시키지 못한 채 연장을 거듭하는 동안 이로 인한 사회적 문제는 더욱 커져만 가고 있다. 일단 도박중독과 자살이 가장 큰 문제로 떠올랐다. 실제로 한 조사에 따르면 강원랜드 카지노를 출입하는 10명 중 6명은 도박중독에 빠질 위험이 있다고 한다.[41] 도박중독으로 본인이나 가족이 출입 제한된 경우가 연간 6000명에 달한다.[42] 협력업체 포함 6500명 정도의 고용효과를 가지는 강원랜드에서 6000명의 도박중독 고객을 만들어내는 상황인 것이다.

강원랜드 주변에는 카지노에서 돈을 잃고 이곳을 떠나지 못하는 사람들이 많다. 항시 대략 500~700명 정도가 6개월 이상 주변을 맴돌고 있다고 한다. 카지노에서 돈을 모두 잃고 가족으로부터 버림받았기 때문이다. 최근의 한 실태조사[43]에서는 이들 중 42% 정도가 자살을 생각해본 적이 있다고 대답했다. 오래 머물수록 더 자살에 대해 더 많이 생각하는 것으로 나타났다. 카지노 개장 이후 재산 탕진으로 인해 스스로 목숨을 끊은 경우가 매해 10명 정도 있는 것으로 보고되고 있다.[44]

강원랜드는 사기업이 아닌 공기업이다. 기업의 번성이 '공공의 이익'에 도움이 되어야 한다는 뜻이다. 카지노를 허가해준 정부가 도박사업의 여러 부작용을 몰랐을 리는 없다. 그럼에도 도박중독과 자살 등의 사회적 문제보다 '폐광지역 활성화'의 긍정적 효과가 더 클 것이라는 기대로 카지노를 허용했을 것이다. 하지만 폐광지역은 회생되지 않고 도박중독자만 늘고 있는 게 현실이다. 이쯤에서 묻고 싶다. 강원랜드의 카지노가 폐광지역을 살려낼 수 있겠는

가? 이 질문은 강원랜드의 존립 목적에 관한 것이기도 하다.

물론 강원랜드가 없었다면 폐광지역은 지금보다 더 극심한 고통을 겪고 있을 것이다. 폐광지역 주민들이 폐광지역법을 '생명법'으로 간주하고 시한 연장을 요구하는 이유도 이해할 만하다. 강원랜드가 카지노업을 발판으로 가족형 복합리조트를 성공적으로 건설할 수 있다면 폐광지역에도 희망은 있다. 복합리조트 산업을 통해 폐광지역이 자생할 수 있다면, 폐광지역법 시한이 만료가 되어 카지노가 문을 닫아도 괜찮을 것이다.

강원랜드가 이러한 노력에 무관심했던 건 아니다. 카지노 사업이 장래엔 끝날 수 있으니 가족형 복합리조트를 만들고 지역주민을 위한 연계사업을 키우려 했다. 2005년엔 골프장과 스키장 콘도를 개장했다. 매출이 1조 원을 돌파한 2007년엔 하이원리조트High1 Resort라는 강원랜드의 브랜드를 만들었다. 2009년에는 자회사 세 곳도 설립했다. 순전히 폐광지역의 경제진흥사업을 위해서다. 하이원상동테마파크(영월군 상동읍), 하이원추추파크(삼척시 도계읍), 하이원엔터테인먼트(태백시 태백로)를 설립하는 데 1822억 원(각각 647억 원, 425억 원, 750억 원)을 투입했다.

하지만 결과는 참담했다. 세 곳의 자회사 모두 큰 폭의 적자를 냈다. 게임과 에니메이션에 주력했던 하이원엔터네인먼트는 만성 적자를 견디지 못해 지난 2013년에 사업을 접었다. 이후 후속사업으로 자동차부품제조로 전환하여 돌파구를 찾으려 했지만 최근 강원랜드 투자심의위원회에서 이 새로운 사업계획에 대해 부적합 판정을 내렸다. 입지가 나쁘고 시장성도 낮다는 이유에서다. 최근에는 하이원엔터테인먼트 건물이 강원랜드의 슬롯머신 제조사업본부로 바뀌어, 이제 슬롯머신 제조 거점은 태백이 되었다.[45] 하이원상동테마파크는 개장도 못하고 자재납품 비리로 3년 가까이 공사가 중단되었다. 사업성도 부족해 테마파크는 결국 중도 포기됐다. 이후 강원랜드는 이곳을 도박·스마트폰·게임 등의 중독을 치유하는 공간으로 운영할 예정이라 밝혔다가 최근에는 치매치료의 메카로 방향을 전환하겠다고 했다. 하이원 추추파크는 폐선로를 이용한 철도체험형 리조트를 목적으로 했으나 개장 이후 불어나는 적자로 어려움을 겪고 있다. 2016년 현재 하이원엔터테인먼트의 장부가는 647억 → 117억 원, 하이원상동테마파크는 425억 → 80억원, 하이원추추파크는 750억 → 522억 원으로 급감했다. 강원랜드는 '마이너스의 손'이라 조롱받기까지 한다.

강원랜드는 카지노 연계사업을 통해 지역경제를 살리는 돌파구를 찾지 못하고 있다. 2016년 현재에도 강원랜드의 총 매출액 중 카지노가 차지하는 비중은 95%가 넘는다. 호텔·콘도·골프장·스키장 등의 다양한 사업이 총매출에서 차지하는 비중은 미약한데다 설상가상으로 지속적으로 감소하고 있다. 도박산업만 승승장구하는 꼴이다. 하지만 해외 관광지의 경우는 매우 다르다. 카지노는 관광객의 체류기간을 연장시키는 역할을 한다. 그래서 해외에서는 카지노가 각종 전시회나 MICE산업(국제회의·포상관광·컨벤션·전시를 융합한 사업), 호텔, 레저시설 등과 결합되어 개발된다. 싱가포르의 마리나베이샌즈 카지노의 경우 카지노가 차지하는 비중이 70~80% 정도다. 라스베이거스와 마카오에서 운영중인 복합리조트의 경우도 강원랜드처럼 카지노 매출비중이 압도적이진 않다.[46]

이제 폐광지역은 불안하다. 강원랜드의 미래가 항구적이지 않을뿐더러 내국인 카지노를 유치하겠다고 달려드는 지역들이 많아지고 있기 때문이다.(최근에 전북 새만금지구에 내국인 출입 카지노를 허용해주는 법안이 발의되기도 했다.) 국내에 또 다른 내국인 카지노가 생긴다면 앞으로 닥칠 일은 불을 보듯 뻔하다. 강원도 산골로 향했던 발길이 더 교통 좋은 카지노로 향할 것이다. 만일 그런 일이 생긴다면, 폐광지역 주민들과 지역 정치인들은 정부가 자신들의 생명줄을 끊었다고 비난할 것이다. 그럼 어떻게 해야 할까? 카지노업은 폐광지역의 활성화라는 특정한 목적을 위해서만 허가해주어야 할까? 이러한 특혜에도 불구하고 계속 지역경제가 살아나지 않는다면 어떻게 해야 할까? 카지노 허가만이 폐광지역이 살아날 유일한 길인가? 해결되기 힘든 물음들이 연달아 떠오른다.

마지막으로 남겨둔 질문이 있다. 정선군을 답사하며 위의 질문들보다 더 어려운 질문과 마주치게 되었다. '지난 20년 동안 5조가 투자된 폐광지역이 너무 어려워 못 살겠다고 한다. 정선·태백·삼척·영월의 인구가 20만 명 정도 되니, 이곳에 1인당 2500만 원씩 투자된 셈이다. 얼마를 더 투자해야 폐광지역이 살아날까? 10조, 아니면 20조?'

정선군 답사 마지막에 들른 꽤나 유명하다는 연탄구이집에서 이 어려운 질문에 대한 실마리를 본 듯하다. 커다란 나무 기둥 가득한 낙서 한 구절이 눈에 들어왔다.

"모든 게 잘 될 줄 알았다. 정선에 와서 내 맘대로 되는 게 없다는 걸 잘 배우고 간다. 인생은 쓰지만 그래도 고기는 달구나."

돈 먹는 하마가 될 지방 중소도시

지금까지 지방 중소도시들의 생존을 위한 고군분투를 살펴보았다.

산업단지도, 축제도, 심지어 카지노도 지방 중소도시의 쇠락을 되돌리기엔 역부족이었다. 무작정 투자를 많이 한다고 해서 그곳의 경제가 살아나지 않는다는 게 이미 입증되었다. 오히려 세금만 낭비하는 꼴이다. 이제는 뭔가 다른 방안을 생각해야 할 때다. 그렇지 않으면 지방 중소도시는 '돈 먹는 하마'가 될 것이다.

이미 지방 중소도시는 매우 비효율적인 구조로 굴러가고 있다. 우리는 흔히 인구가 적은 지방도시에 사는 게 비용이 덜 드는 삶이라고 생각한다. 맞다. 개인적 차원에서는 그럴 것이다. 그렇지만 구조적 차원에서는 그렇지 않다. 무엇보다 지방 중소도시에서 1인당 투입되는 예산이 대도시에 비해 압도적으로 높다. 이를 확인하기 위해 주민 1인당 해당 지자체에서 쓰는 돈을 살펴보자. [도표 15]는 도시 특성별로 주민 1인당 세출액을 살펴본 것이다.

2001년에 대도시(서울특별시+5대 광역시)에서 사용한 주민 1인당 평균 세출액은 42만 7000원 정도였다. 그런데 최근 국토연구원이 꼽은 20개 축소도시*의 경우 2001년 1인당 평균 세출액이 136만 8000원이었다. 이게 다가 아니다. 군 지역(전국 82개 군)은 국토연구원이 꼽은 축소도시보다 더욱 열악하다. 예상했듯이 군 지역의 2001년 1인당 세출은 198만 4000원으로 대도시보다 4배 이상 크게 나타났다. 이유는 명확하다. 인구의 공간적 분포에 따른 효율

● 국토연구원에서는 「저성장 시대의 축소도시 실태와 정책방안」(2016) 보고서를 통해 인구가 줄어드는 20곳의 축소도시를 선정했다. 고착형 축소도시로 태백·영주·상주·영천·밀양·공주·김제·정읍·남원 등 9곳이, 점진형 축소도시로 익산·동해·경주·여수 등 4곳, 급속형 축소도시로 삼척·문경·안동·김천·보령·논산·나주 등 7곳이 꼽혔다.

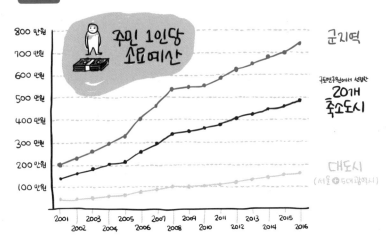

도표 15

성의 차이 때문이다.[47] 주민들이 모여서 살고 있는지, 아니면 흩어져 있는지에 따라 효율성이 크게 달라질 수밖에 없다. 이해를 돕기 위해 서울시와 안동시를 비교해보자. 안동시는 서울시 면적의 2배가 넘는다. 하지만 인구는 서울의 1/60 수준이다. 그러니 서울에 비해 1인당 투자되는 도로·상하수도·공공시설 유지비용이 더 클 수밖에 없다. 학교와 문화시설 등은 말할 것도 없다.

더 심각한 건 인구가 줄어드는 지역에서 재정지출의 비효율성이 갈수록 악화되고 있다는 사실이다. 대도시 지역의 경우에는 1인당 평균 세출액이 15년간(2001~2016년) 42만7000원 → 161만9000원으로 119만2000원이 증가했다. 하지만 축소도시 20곳에서는 136만8000원 → 482만2000원으로 345만4000원의 대폭적 증가를 보이고 있다. 군 단위 지역의 경우 상황은 더 심각하다. 15년간 1인당 평균 세출액은 198만4000원 → 736만9000원으로 무려 538만5000원이 증가했다. 그럼 이 격차는 앞으로는 어떻게 될까? 이런 추세에 기반해 지금으로부터 10년 후, 2027년의 상황을 예상해본다면? 대도시의 1인당 세출은 246만7000원, 20곳의 축소도시는 756만8000원, 군 단위 지역은 1173만9000원으로 추정된다.

이런 결과는 도시계획 전문가인 필자에게도 충격적이다. 차이가 클 것이라 예상은 했지만 이 정도일지는 상상하지 못했다. 이는 결코 지방 중소도시가 흥청망청 예산을 사용한다는 뜻이 아니다. 인구가 여기저기 흩어져 있기 때문에 어쩔 수 없이 발생하는 문제다. 앞서도 몇 개의 예를 봤듯이 주택·도로·상하수도·시장·공공청사·도서관·학교·문화시설·체육시설·터미널·업무시설·주차장·광장 등 온갖 공공서비스의 효율성이 떨어지는 것이다.

구체적인 예를 몇 가지 살펴보자. 지방 중소도시의 상수도는 대도시에 비해 많은 누수량을 보이고 있다. 2013년 기준으로 전국에서 약 6억6000톤 정도(총 61억6000톤 중)의 물이 땅속으로 사라진다. 금액으로 환산하면 2500억 원 정도다. 이 중 대도시(서울시와 광역시)를 제외한 지역에서의 누수량이 전체의 80%로 추정되고 있다.[48] 상수도관이 더 길고, 관리도 잘 안 되다보니 나타나는 현상이다.

학교 같은 시설은 더 심각하다. 2016년 기준으로 전국 초등학교의 교원 1인당 학생수는 14.6명이다. 하지만 이건 평균일 뿐 인구가 많지 않은 군 지역의 경우는 훨씬 더 낮다. 강원도 군 지역의 교원 1인당 학생수는 7.6명, 충청북도는 9.5명, 충청남도는 9.1명, 전라북도 7.7명, 전라남도 8.4명, 경상북도 8.9명, 경상남도 8.3명으로 나타나고 있다. 학교 하나당 학생수도 마찬가지다. 전국 평균적으로 한 초등학교당 445명의 학생이 등록되어 있다. 하지만 군 지역의 경우 이런 전국 평균의 절반에도 한참 모자란다. 강원도 군 지역의 초등학교 하나당 학생수는 105명, 충청북도는 166명, 충청남도는 138명, 전라북도 108명, 전라남도 128명, 경상북도 139명, 경상남도 120명 정도다.[49]

아무리 작은 학교라도 운영을 위해서 기본적으로 투입되는 비용이 있다. 학생수가 너무 적으면 1인당 투입비용이 매우 커지게 된다. 2017년 학생 1인당 교육비*는 전국 평균 226만 원이지만, 인구가 빽빽한 곳과 듬성한 곳의 교육비 차이가 크다. 학생수가 727명인 서울 용산구 원효초등학교의 경우 학생 1인당 교육비가 186만 원 정도인 데 반해 학생이 28명뿐인 강원도 태백시의 통리초등학교는 학생 1인당 교육비가 890만 원으로 전국 평균에 비해 한참 높다. 21명이 재학중인 보성군 문덕초등학교의 경우도 959만 원에 달한다.[50]

국토연구원이 꼽은 20개의 축소도시로 다시 돌아가보자. 최근 국토연구원은 도서관·공연장·박물관·체육시설 등의 공공시설 운영 실태를 조사한 바 있다.[51] 결과는 예상했던 대로였다. 2015년 기준으로 20개 축소도시 내 59개의 공공시설 중 97%(57곳)가 적자

● 학생 1인당 교육비는 학교의 세출 총합에서 학생 수를 나눈 값으로 계산된다. 세출에는 인적자원 운용, 학생복지, 기본적 교육활동, 교육활동 지원, 일반운영, 시설 확충, 재무활동 등이 포함된다.

를 보고 있다. 더욱 놀라운 사실은 이 중 39%(22곳)가 2010년 이후에 만들어졌다는 점이다.[52] 인구는 줄어드는데 공공시설을 계속 공급하니 적자가 발생할 수밖에. 물론 '공공'이란 말 그대로 공익적 성격이 있기 때문에 수익의 관점에서만 평가할 순 없다. 인구밀도가 가장 높은 서울에서도 수익을 내지 못하는 공공시설이 꽤 있으니 말이다. 하지만 공익성을 위한다는 명분으로 인구가 듬성한 곳에 무작정 시설을 짓는 것은 정작 공익성을 해치는 결과를 가져오지 않겠는가.

공공시설의 효율성은 '건립비당 이용자수'로 쉽게 비교해볼 수 있다. 지방 중소도시의 공공시설은 대도시의 시설보다 이용자가 매우 적다. 전국 지자체의 공공시설 중 43%가 건립비 1억 원당 하루 1명 이하가 이용하는 것으로 나타나는데,[53] 지방 중소도시에서 이용빈도가 두드러지게 저조하다. 충남 보령시의 경우를 보자. 건립비 429억 원이 소요된 '보령문화의 전당'의 이용객은 2015년 기준으로 7만2000명이 조금 안 된다. 1억 원당 연간 167명 정도가 이용한 셈인데, 1일로 환산하면 0.5명에 불과하다. 건립비 413억 원이 투여되어 2014년에 운영을 시작한 익산의 '예술의 전당'도 마찬가지다. 이곳의 연간 이용객은 3만3000명 정도로 건립비 1억 원당 1일 이용객수는 0.2명을 조금 넘는다. 2016년 기준으로 한 해 50억 원이 넘는 운영비가 들어가지만, 수입은 3억5000만 원(6.3%) 정도에 불과하다.[54]

이러한 비효율성을 계속 감내할 수 있을까? 앞으로도 지방 중소도시 대부분이 인구감소를 겪으리란 점에서 문제는 점점 커질 수밖에 없다. 게다가 잘못된 정책으로 인해 사람들이 더욱 흩어져 살게 될 거라는 점을 생각하면 더욱 그렇다. 외곽의 싼 땅에 자꾸 개발 사업을 벌여서 도시의 중심부에 있던 인구가 빠져나가고 있는 상황이다. '줄어드는 인구'와 '흩어지는 인구', 이 두 가지 현상이 결합하면 도시를 살리기 위한 정부의 노력은 헛고생으로 끝날 가능성이 크다. 사용자가 적어 덩그러니 방치된 시설들은 도시를 더욱 황폐하게 만들 것이다. 그럼 우리는 어떤 대책을 세워야 할까?

지방자치 확대가 지방을 죽인다?

재정자립도가 낮기 때문에 중앙정부는 재정에 관한 권한을 지방으로 대폭 이양해야 한다! 이 말은 반은 맞고 반은 틀리다. 왜일까?

먼저, 지방세수가 늘어도 정부의 지원이 많아지면 재정자립도는 낮아지게 된다. 빨리 발전하는 지방도시는 지방세수가 증가한다. 이런 도시를 밀어주기 위해 정부가 마음 먹고 지원해주면, 그 도시의 재정자립도는 낮아질 수밖에 없다. 반대로 정부 지원이 줄면 재정자립도는 높아지게 된다. 사정이 이러하니 무조건 재정자립도가 높은 게 좋다고 말하기도 힘들다. 둘째로, 지방세보다 국세의 비중이 더 큰 나라에서는 지방정부의 재정자립도가 낮게 나타날 수밖에 없다. 현재 우리나라의 국세 대 지방세 비중은 8대2 수준이다. 하지만 중앙정부 대 지방정부의 세출 비율은 4대6으로 뒤집힌다. 즉 지방정부가 중앙정부보다 돈을 덜 거둬들이면서 더 많은 돈을 쓰는 것이다. 우리나라의 재정은 중앙정부에서 거두어서 지방정부로 다시 돈을 주는 구조이다. 일부 학자들은 우리나라의 자치제도를 '2할 자치'라고 부른다. 지방세의 비중이 20%인 현실을 비꼰 표현이다.

지방이 부흥하기 위해서 지방세를 더 거두어야 한다고 주장하는 사람들은 이웃나라 일본은 국세 대 지방세 비중이 5.5대4.5이고 프랑스도 7.5대2.5 수준으로 우리보다 높다는 점을 지적한다. 하지만 OECD국가 중에서 우리나라보다 국세 비중이 큰 나라들도 많다. 영국은 국세 대 지방세 비중이 9대1 수준으로 나타나고 있다. 이스라엘, 룩셈부르크, 네덜란드, 뉴질랜드 또한 우리보다 국세의 비중이 크다.

그렇다면 국세에 비해 지방세의 비중을 높이는 것이 도시의 쇠퇴를 막을 수 있는 길인가? 달리 표현하면, 중앙정부가 세금을 덜 가져가고 이를 지방이 가져가게 하면, 도시의 쇠퇴를 막는 데 도움을 줄 것인가 하는 문제다. 이 또한 정답은 없다. 하지만 지방세 비중을 높이면 어떤 일이 발생할지는 쉽게 상상해볼 수 있다. 지방세의 비중을 높이는 시도는 잘 나가는 도시들에게는 좋지만, 못 나가는 도시들에게는 불리하게 작용할 것이다. 국세는 국가 전체적으로 돈을 거두어 덜 넉넉한 곳에 재분배하는 기능을 가지고 있기 때문이다.

그래서 도시를 재생하려는 노력과 관련하여 '국세 VS 지방세'에 관한 논의는 매우 간단하게 설명될 수 있다. 지방세를 늘리고자 하는 노력은 지방의 자율성을 높이는 시도와 같다. 단, 자율성이란 단어가 긍정적으로 들리긴 하지만, 이러한 자율성이 지역의 이익으로 변환될 수 있는 지역은 '대도시'나 '경쟁력을 갖춘 중소도시'에 국한된다. 이런 도시들은 어차피 국세로 낼 부분을 지방세로 더 받게 되고, 경쟁력이 없는 중소도시는 국세를 통해 다시 분배될 돈을 덜 받는 상황이 된다. 쇠퇴한 도시들은 지방세로 거두어들일 돈이 그리 많지 않을 테니 재생을 위한 사업을 벌이기에 힘이 부칠 것이다.

어떤 도시들은 중앙의 지원 없이는 살아갈 수가 없다. 이들에게 지방세를 더 거두도록 해도 효과를 보기 어렵다. 도시 자체에 돈이 없는데 어쩌겠는가. 도시의 쇠퇴문제를 '시장논리'로 풀어갈 수 있다고 생각한다면 지방세의 비중을 늘리면 된다. 잘 나가는 지역을 중심으로 더욱 자원이 집중되는 효과가 나타날 것이다. 반면에 중소도시의 쇠퇴를 막기 위해 중앙이 계획하고 나서는 게 옳은 일이라 생각한다면 절대 지방세의 비중을 늘려선 안 된다. 국세의 재분배를 통해 내리막길에 들어선 도시에 더 많은 정책적 배려를 해줘야 하기 때문이다.

상황이 이러하지만 지자체들은 제대로 인식하지 못하고 있는 듯하다. 현 정부의 100대 국정과제엔 "현재 8대2인 국세와 지방세의 비율을 7대3을 거쳐 순차적으로 6대4까지" 바꾸는 게 포함되어 있다.[55] 중앙정부의 세원을 점차 지방 재원으로 이전하겠다는 뜻이다. 참으로 답답한 일이 아닐 수 없다. 서울 서대문구 문석진 구청장은 "중앙정부는 겉으로는 지방분권을 해야 한다고 하지만, 실제로는 예산을 틀어쥐고 교부금과 보조금으로 지자체를 통제하려 한다"며 지방분권 실천방안으로 국세인 양도소득세를 지방세로 전환하자고 주장했다.[56] 물론 지방세의 비중을 높이는 건, 지자체가 '과세 자주권'을 가진다는 데 큰 의미가 있다. 정부로부터 간섭을 받지 않고 진정한 지방자치에 한걸음 다가갈 수 있다. 하지만 생각해보자.

앞으로 20년 후 지자체 3분의 1의 인구가 반 토막 날 수 있다. 이런 상황에서 쓰러져가는 지방 중소도시들의 과세 자주권이 중요하겠는가?

지방의 쇠퇴, 이로 인한 지역불균형 발전은 지방의 문제가 아닌 전국가적 문제이다. 지방의 역할도 중요하지만 중앙정부의 역할이 더 중요하다는 의미이다. 국세의 비중이 높아서 지자체의 자율권이 침해되었다고 주장할 필요는 없다. 국세의 재분배시 지자체가 자율적으로 사용할 수 있는 재원의 비중을 늘려주면 되지 않겠는가.

3부
쇠퇴하는 모든 곳을
살릴 수는 없다!

5장

중소도시에 팽창은 재앙이다

원도심을 걸으며

인구가 줄어드는 곳에서는 남아 있는 인구라도 가급적 모여 살아야 한다. 그래야 살아남을 수 있다. 하지만 지금 지방 중소도시는 반대로 가고 있다. 더욱 흩어지는 방향으로 인구분포가 변하고 있다.

중소도시에서 가장 눈에 띄는 인구분포 변화는 원도심의 쇠퇴다. 도시의 핵核인 원도심은 대부분 시市 가운데에 위치해 도시 성장에 중추적인 역할을 했다. 핵이 하나뿐인 중소도시는 쉽게 '계란프라이'를 연상시킨다. 가운데 '노른자' 부위를 중심으로 퍼져 있는 것이다. 쇠퇴도시는 십중팔구 프라이 노른자 부분이 비어 있는 모양새다. 원도심의 상가와 주변 주거지가 동반 쇠락하는 것이다. 노른자의 몰락은 인구의 분산을 의미한다. 그리고 인구의 분산은 앞서 수차례 강조한 예산의 비효율적 사용으로 이어진다.

원도심原都心의 사전적 의미는 '예전에 부흥했던 도심'이란 뜻이다. 해당 도시에서 가장 먼저 사람이 몰려 살기 시작한 지역이다. 자연발생적으로 형성된 지역이다보니 여기엔 시원하게 뻗어 있는 도로는 없다. 거의 예외 없이 '전통시장'이 있고 그 시장에 도보로 걸어갈 수 있는 거리 정도에 '옛 주거지'가 퍼져 있다. 전통시장은 도시의 중심에서 사람을 끌어 모으는 집객시설 이상의 의미가 있었다. 이웃과 만나 이야기를 나누며 정보를 교류하던 곳, 그리고 이런 교류 속에서 마을 공동체를 공고히 하는 곳이었다.

원도심은 또한 도시의 생로병사와 희로애락의 흔적이 가장 많이 묻어 있는 공간이기도 하다. 다시 말해 원도심은 쇠퇴의 원인을 가장 쉽게 알 수 있는 곳, 도시의 정체성을 파악할 수 있는 곳이다. 따라서 중소도시의 현실을 알고자 할 때 원도심 탐방은 필수적이다.

인구 10~20만 명 정도의 중소도시의 경우 원도심은 시의 중심에 위치해 있는 경우가 대부분이다. 여러 핵을 가진 대도시형型의 도시구조는 중소도시에서 드물게 나타난다. 원도심에는 최소한 한 군데 이상의 전통시장이 있는데, 이들 시장의 성격을 파악하는 것이 중요하다. 전통시장에 고객이 얼마나 많은지, 점포의 상태가 어떠한지를 확인함으로써 쇠퇴의 정도를 가늠할 수 있다. 원도심 주변을 걷다보면 유독 자주 눈에 들어오는 간판이 있다. 바로 지역유지들의 모임인 '로타리클럽' 간판이다. 또한 '중앙로'란 간판도 유난히 눈에 많이 띈다. 도시의 옛 '중심'을 가로지르던 중앙로는 점차 중앙에서 밀려나고 있기 십상이지만. 이 도로를 따라 걸으며 그 도시의 분위기를 느낄 수 있다.

다음으로, 전통시장 주변의 상점들을 들여다보자. 전통시장 주변에는 젊은이들이 좋아할 만한 유명 브랜드 매장과 패스트푸드점도 있다. 물론 대도시 같은 북적임은 없다. 전통시장 인근 거리에서는 임대 딱지도 자주 눈에 들어온다. 이는 이미 쇠퇴가 시작된 곳임을 짐작케 한다. 두세 곳의 상점에 연속으로 임대 딱지가 붙어 있다면 쇠퇴가 벌써 깊숙하게 진행되었다는 신호다. 손을 쓸 수도 없는 경우에는 임대 딱지조차 붙어 있지 않다.

이어서 전통시장으로부터 10분 이내의 도보 거리에 마을이 있는지도 확인해본다. 오래된 마을이 있다면 한때 전통시장의 배후 주거지로 사용된 마을임이 분명하다. 이곳 사람들은 전통시장에서 물건도 샀고, 장사도 했을 것이다. 파리 날리는 전통시장 인근에는 헛헛함이 감돈다. 시장과 마을은 하나의 묶음이다. 운명공동체처럼 함께 번성했고, 쇠락도 함께 한다. 관리가 되지 않은 집의 모습은 대충 이러하다. 삐딱하게 기울어진 담벼락, 푹 꺼진 지붕, 녹이 잔뜩 슨 대문, 무성한 잡초…… 이런 집들에 보이는 또 다른 종류의 표시가 있다. 이번엔 딱지가 아닌 검정색 페인트 도장이다. 폐허에 가까운 건물의 담벼락엔 '지붕개량 000-0000'이라는 광고가 많이 발견된다. 그리고 심하게 쇠퇴한 주거지에는 문이 잠긴 빈집과 건물들이 몰려 있다.

그러고 나서, 원도심 인근에 거주했던 사람들이 어떤 일을 하며 먹고 살아왔는지도 살펴본다. 이 도시가 가장 주력으로 삼았던 산업을 확인하는 작업이기도 하다. 예를 들어 김제의 경우에는 주력 산업이 농업이고, 태백의 경우에는 석탄, 삼척의 경우는 시멘트다. 주력산업에 고용된 인원이 어느 정도였는지, 그 증감 추이가 어떠했는지를 확인하는 작업도 매우 중요하다. 앞서 설명했듯이 도시의 과거는 일자리를 통해 쉽게 유추되기 때문이다. 도시의 미래 또한 일자리를 통해 쉽게 예상할 수 있다.

마지막으로, 반드시 신도심新都心도 둘러본다. 중소도시의 신도심은 도시의 외곽에 자리 잡은 경우가 많다. 신도심은 원도심의 쇠퇴에 치명타를 안겨준다. 신도심은 대개 대규모 아파트로 가득 채워져 있다. 그리고 대단지 아파트 주변에는 또 다른 상권이 만들어져 있다. 물론 신도심의 아파트에 사는 인구는 도시 밖에서 유입된 인구가 아니다. 지방 중소도시에는 외부인구의 유입이 거의 없기 때문이다. 그러니 신도심 주민들의 다수는 원도심에 살고 있던 사람들이 이전한 것이라 볼 수 있다.

원도심 쇠퇴는 중소도시의 운명인가?

지방 중소도시를 답사해보면 원도심의 쇠퇴는 필연적이라는 생각이 들게 된다. 원도심을 꿋꿋하게 지키고 있는 중소도시가 하나도 없기 때문이다. 그럼에도 불구하고 어떤 이들은, 도시도 사람처럼 질병과 치유의 순환 사이클을 보인다고 말한다. 쇠퇴하는 원도심은 잠시 아플 뿐이고, 조만간 곧 치유될 것이라 믿음이다. 최근에 나타나는 젠트리피케이션 현상(도심에 다시 자본이 유입되자, 영세한 상인들이 쫓겨나는 현상)이 그 증거라고 얘기하기도 한다. 낙후되었던 서울의 서촌·연남동·해방촌 등이 다시 각광을 받고 부흥하는 것이 대표적인 사례다. 아래는 신문에서 발췌한 글이다.

재생 능력을 가졌다는 점에서 도시는 생명체를 닮았다. 세포가 살아나고 상처가 아물 듯 도시의 낡은 구석구석도 생명을 회복한다. 오래된 공장과 창고는 예술을 품은 공간이 되고, 길에는 사람들이 간직한 기억이 모습을 드러낸다. 원형의 회복에 그치지 않고 새로운 모습으로 거듭난다는 점에서 도시의 재생 능력은 생명 그 이상이기도 하다.[1]

이 글을 쓴 기자는 이 책을 읽고 지방 중소도시를 방문해서도 똑같은 글을 쓸 수 있을까? 지방 중소도시의 상황은 이 글의 느낌과는 너무도 달랐다. 치유의 과정 없이 영원히 아프기만 하다가 고꾸라질 형국이었다. 상처가 아물긴커녕, 암처럼 주변으로 번져나갈 것만 같았다. 쇠퇴한 원도심이 생명체를 닮아 재생의 기미가 보인다는 주장은 서울을 비롯한 대도시에나 먹히는 얘기다.

아마 해방촌이 그러한 경우에 해당할 것이다. 서울의 용산2가동에 위치한 해방촌은 해방 이후 실향민들과 한국전쟁으로 피난을 온 사람들이 정착한 곳이다. 가파른 언덕에 허름한 집들이 모인 곳이니 집값이 쌌다. 1960년대 이후에는 이촌향도離村向都한 가난한 지방민이 이주해 살았다. 1960~1970년대 니트 제작공장이 붐을 이루었을 때는 일거리를 찾는 사람들이 이곳으로 몰렸다. 한때는 인구가 2만 명이 넘었다. 하지만 지금은 1만3000명으로 줄어들었고, 고령인구도 15%가 넘는다.[2] 해방촌은 2000년대 중반 인근이 이태원이 다시 인근 주목받게 됐다. 2015년 서울시는 해방촌을 도시재생활성화지역으로 지정하고 재생사업을 지원하기 시작했다.[*] 이를 위해 도시재생지원센터도 열었다. 600명이 넘게 가입한 주민협의체도 만들어져 운영중에 있다. 실행되고 있거나 구상중인 사업도 많다. 여기에는 집수리센터·마을관리사무소·공동육아·마을사랑방·청년창업지원·공동작업장·북카페·공방·주민공동이용시설 조성 등이 포함된다. 공방 및 니트산업 특성화도 지원하고 급경사·노후계단 등을 정비하며 CCTV도 설치한다. 주민역량 강화와 공동체 활성화를 위해 주민교육프로그램도 시행된다.

이런 사업들에 2016년부터 5년간 마중물 사업비 100억 원(서울시 50억 원+국비 50억 원)이 투입된다. 마중물 사업 이외에도 서울시는 하수관로 관리, 공중선 정비, 공동주차장 설치 등의 사업에 70억 원이 넘는 추가예산을 투입할 예정이다. 이곳은 소규모 공방을 운영하는 예술가나 싼 임대료를 찾는 예술인들이 자리 잡는 곳이었지만, 이제는 독특한 문화를 경험하고자 해방촌을 찾는 젊은이들

● 2015년 12월에 서울시는 재생이 시급한 지역을 중심으로 13곳의 도시재생활성화지역을 지정하여 4~5년에 걸쳐 최대 100억~500억 원의 공공지원을 약속했다. 이 지역들은 인구감소, 건축물 노후화 등의 기준뿐만 아니라 지역잠재력 평가 등의 과정을 거쳐 선정되었다. 선정된 지역은 다음과 같다: 서울역 역세권 일대, 창동 상계 일대, 세운상가 일대, 낙원상가 일대, 장안평 일대, 창신숭인 일대, 가리봉 일대, 해방촌 일대, 성수1·2가동 일대, 신촌동 일대, 암사1동 일대, 장위동 일대, 상도4동 일대. 2017년 2월에는 도시재생활성화지역 17곳이 추가적으로 선정되었다. 선정된 지역은 다음과 같다: 정동, 용산전자상가, 신영동, 4·19사거리, 마장동, 청량리, 수유1동, 창3동, 안암동, 목동, 불광2동, 천연동, 수색동, 영등포 경인로, 독산우시장, 난곡동, 목2동.

이 모여들고 있다. 그래서 해방촌의 부동산 소유주들은 6년간 임대료를 동결하기로 뜻을 모았다.[3] 해방촌의 도시재생은 2017년 국민대통합위원회 주관 국민통합 우수사례 공모에서 지역상생 분야 우수상까지 받았다.[4] 생명체가 스스로를 치유해가는 것처럼 해방촌도 강인한 생명력을 보여주는 셈이다.

하지만 모든 재생사업이 해방촌처럼 순탄치만은 않다. 특히 지방 중소도시의 경우는 재생사업의 약발이 먹히질 않는다. 태백시의 경우를 보자. 태백의 통동에 자리한 통리마을은 2014년 국토부에 의해 도시재생 선도지역으로 지정되었다. 이곳은 태백시의 중심가(태백시청 인근)에서 차로 7km 정도 떨어진 외진 지역이지만, 한보광업소·도계광업소·경동탄광 등이 모여 있던 우리나라의 대표적 탄광마을이었다.[5] 석탄산업의 사양화 이후 한보광업소가 폐광(2008년 10월)되고, 통리역도 폐쇄(2012년 6월)되면서 이 지역은 극심한 쇠퇴를 경험했다. 현재는 약 350가구 정도가 통리에 살고 있다. 인적이 없어진 옛 한보광업소 터에는 드라마 〈태양의 후예〉의 우루크 성당 세트장이 세워졌다.

통리마을이 재생사업 대상지로 선정된 이후 통리 야시장, 광장 조성, 테마 및 벽화거리, 마을기업 육성, 체력증진센터 개설 등의 사업이 계획되었다. 또한 태백시는 도시재생대학을 운영하면서 자생적 주민주도형 도시재생시스템을 구축하려 한다. 2017년 말까지 국비 58억8000만 원과 도비 9억 원, 시비 5억 원 등 103억 원을 들여 새로운 주거공간을 조성하는 사업도 벌이려 하고 있다. 주민의 참여를 유도하고자 '통리 도시재생 주민학교'도 운영한다. 통리역

대합실에서 주민들을 대상으로 '통리역 별밤영화제'도 개최했다. 이 지역 기록물을 전시하는 '통리역 메모리즈', 통리역 방문객들에게 지역 음식을 판매하는 '통리 스낵·도시락' 또한 재생 프로그램에 포함되었다.[6] 태백시 한 공무원은 "도시재생사업과 함께 〈태양의 후예〉 세트장 복원, 폐광지역 관광자원화사업인 슬로우 레스토랑 등 경제 활성화 사업들이 동시다발적으로 전개되면서 탄광촌 부활은 물론 국제적인 관광도시로의 도약이 기대된다"[7]고 말한다.

과연 그렇게 기대해도 될까? 통리마을이 재생사업 대상지로 선정될 때에는 전체 건축물의 30%가 비어 있었다. 재생사업이 시작되고 3년이 지난 지금, 통리마을은 여전히 주민수를 셀 수 있을 정도의 한적한 곳으로 남아 있다. 여전히 공가空家는 채워지지 않은 상태고, 문을 굳게 닫은 상점들은 지역의 어려움을 토로할 힘조차 없는 자포자기 상태에 있는 듯 보인다. 길엔 젊은이들을 찾아보기 힘들다. 어린 아이도 별로 없다. 2016년 현재 통리초등학교는 모두 7개의 학급(1~6학년, 특수학급)으로 운영되고 있다.[8] 학생수는 1학년 5명, 2학년 2명, (…) 6학년 8명, 특수학급 1명 등 모두 33명이다. 교사가 8명이니 교사 1인당 학생 수는 4.1명이다. 이 정도나마 유지할 수 있는 건 인근 탄광이 아직 영업중이기 때문이다. 지속적인 인원 감축을 해왔던 탄광이 문을 닫게 되는 날이면 통리마을의 운명도 닫힐지 모른다.

지방 중소도시의 재생사업에선 젠트리피케이션을 염려할 필요가 없다. 이들에게 젠트리피케이션은 배부른 소리다. 일단 재생사업의 약발이 먹혀야 지가든 임대료든 올라가지 않겠나? 아무리 돈을 쏟아부어도 도무지 마을이 살아날 기미를 보이지 않는다. 필자가 국가 도시재생사업 연구에 참여하며, 여러 연구자들로부터 수없이 들었던 얘기가 있다. "100억 원 정도의 예산으로 무엇을 해보겠나" "100억이면 3~4층짜리 동사무소 하나밖에 지을 수 없는 돈인데, 이게 무슨 효과가 있겠나" 등의 토로였다. 하지만 생각해보자. 350가구가 사는 통리마을에 투자한 103억 원은 정말 큰돈이다. 가구당 3000만 원 정도가 투자된 셈이니 말이다. 그렇다면 이곳에 500억 원 투자하면 뭔가가 달라질까? 답은 부정적일 수밖에 없다.

여기서 생각해보자. 대도시에서의 도시재생사업은 약발이 받는데, 왜 지방 중소도시는 그렇지 않을까? 최근 5년간 홍대거리는 임대시세가 20~40% 올라갔고 권리금이 10배까지 뛰었다. 서촌의 한옥은 평당 1700만 원에서 크게는 2배가 뛰었고, 이태원의 원룸 월세는 3배 이상 급등했다.[9] 홍대거리·서촌·이태원의 경우 쇠퇴에 대한 우려가 이제는 쫓겨나는 소상공인에 대한 걱정으로 바뀌었다. 대도시니까 가능한 얘기다. 대도시의 재생사업과 중소도시의 재생사업은 다르다. 달라도 너무 다르다. 답사에서 얻은 결론은 간단하다. 주변에 일거리가 있으면 재생이 성공할 가능성이 있고, 그렇지 않으면 불가능하다! 일거리가 없는 곳에서 각종 사업은 재생의 근본적 처방이 될 수 없다. 영화제를 개최해도, 전통음식을 팔아도, 영화세트장을 복원해도 한때만 반짝할 뿐이다.

대도시에서 재생사업이 성공할 수 있는 것은 주변에 풍부한 일자리가 있으며, 그런 일자리를 통해 소비력을 갖춘 사람들이 다수 존재하기 때문이다. 서울시를 보면 분명해진다. 홍대거리·서촌·

경리단길·가로수길 등은 이미 핫플레이스로 널리 알려진 지역이다. 여기에 성수동·연남동·망원동·해방촌·익선동·중림동·봉천동·신림동 등도 빠르게 부상하고 있다. 이런 뜨는 동네들의 공통된 특징은 허름한 서민 주택(혹은 서민 가게)들이 세련된 카페, 레스토랑, 공방, 갤러리로 바뀌고 있다는 점이다.[10] 그리고 이를 이용하는 대부분이 젊은이들이다. 이처럼 대도시에서의 성공사례는 주로 주거지 재생이 아닌 '상업적 재생'에 집중되어 있다. 이건 젠트리피케이션 방지대책이 기존의 소상공인 임대료 문제에게 집중되어 있는 것만 보아도 쉽게 알 수 있다.

그럼 지방 중소도시는? 일자리가 줄어 젊은 인구가 빠져나간 중소도시에선 대도시와 같은 상업적 재생을 기대하기 힘들다. 물론 외지인들로 붐비는 관광지의 경우는 예외다. 경주의 황리단길, 양양의 죽도해수욕장에서도 젠트리피케이션 문제가 발생했다. 이런 지방도시들에 젠트리피케이션은 큰 행운으로 받아들여지기도 한다. 일단 소비력 있는 젊은이들이 관심을 보이고 있다는 얘기니 말이다.

원도심이 텅텅 비는 이유: 외곽의 아파트 개발

지방 중소도시의 노른자 부위는 지난 10년간 더욱 빠른 속도로 망가져왔다. 급기야 '원도심 활성화!'를 외치지 않는 지방 중소도시를 찾아보기 힘들 정도다. 왜 이렇게 대부분의 도시들이 원도심 문제로 골머리를 썩이게 되었을까?

먼저 원도심의 문제도 일자리와 관련된다. 산업의 쇠퇴가 중심지의 쇠퇴로 직결된 예는 문경에서 볼 수 있다. 문경은 석탄이 만들어낸 도시다. 석탄산업은 1920년대부터 문경시의 가장 대표적인 일자리 창출원이었다. 문경시의 원도심은 점촌동으로, 이곳에 있는 점촌역을 중심으로 도시가 발달했다. 문경을 이해하기 위해 꼭 방문해보아야 할 두 군데 중 하나는 석탄을 채굴하던 곳이며 또 하나는 채굴된 석탄이 모이는 곳이다. 석탄이 가장 활발히 채굴되었던 곳은 시의 남서쪽에 위치한 가은읍이다. 현재는 4000명 정도가 거주하는 마을이지만 과거에 잘 나갈 때는 2만5000명 정도가 모여 살았다고 한다.[11] 채굴된 석탄은 가은역에서 기차로 운반되어 점촌역에 모인다. 석탄은 이 역에서 출발해 전국 각지로 보내졌다. 정부가 1989년부터 석탄산업에 강력한 구조조정을 단행하자 문경의 경제도 고꾸라지기 시작한다. 점촌역을 중심으로 한 원도심도 쇠퇴하기 시작했다. 일거리가 없으니 사람들이 더 이상 머물 이유가 없어진 것이다.

그럼 원도심의 쇠퇴는 곧 산업의 쇠퇴일까? 꼭 그런 것만은 아니다. 경제 상황이 좋은 도시들에서도 원도심 쇠퇴는 나타난다. 지난 10년간 전반적으로 경기가 좋았던 울산과 천안을 보자. 이들도 원도심의 인구감소와 상권쇠퇴 문제로 고민하고 있다. 그렇다면 원도심 쇠퇴는 경제기반 붕괴의 문제일 수도 있지만, 그 외에 다른 요인도 있다는 결론이 가능하다. 그 요인을 찾는 건 그리 어렵지 않다. 두 가지만 확인하면 충분하다. 핵심 질문은 '원도심에 살던 인구가 어디로 갔는지'와 '원도심에서 왜 장사가 안 되는지'였다.

먼저, 많은 중소도시들에서 원도심 인구의 감소는 공통적으로 도시 외곽의 대규모 아파트단지 건설과 맞물려 나타났다. 수도권에서 집값을 안정시키기 위해 사용한 신도시 정책을 지방 중소도시들도 너나 없이 따라했다. 주택난을 해결하고 주택가격을 잡기 위해 도시 외곽에 아파트를 공급하는 방식으로 말이다. 아파트 분양가격 중에서 토지가격이 차지하는 비중은 약 30% 정도다. 그래서 아파트를 저렴하게 공급하기 위해서는 일단 땅값이 싼 토지를 확보해야 한다. 이미 토지 가격이 오를 대로 오른 원도심에 지어서는 수익이 그리 크지 않다. 도시 외곽의 논밭이 아파트단지로 선택되는 건 이런 이유 때문이다.

하지만 여기엔 땅값 이외에도 또 다른 요인이 있다. 바로 그 땅을 소유한 토호들과의 결탁! 지역유지인 토호들은 대규모의 부동산 소유주이면서 동시에 건설업체를 운영하거나 지방의원으로 활동하고 있는 경우가 많다. 중소도시에서의 외곽 택지개발은 건설업자와 부동산 소유주들의 합작품인 경우가 종종 있다. 건설업자는 아파트를 분양해 이익을 챙길 수 있으니 좋고, 땅 주인들은 비싼 값에 땅을 팔 수 있으니 좋다. 건설업자와 부동산 소유주의 윈윈win-win 전략은 주택시장이 활황인 상황에서 딱 맞아들었다. 수많은 아파트를 찍어내도 잘 팔려 나갔고 주택 가격은 계속해서 상승했다. 그리하여 도시 외곽의 아파트는 더 많이 지어졌다.*

● 이러한 토호들의 이익추구 행위는 성장기구growth machine 이론으로 설명되기도 한다. 개발 사업으로 이익을 보는 사람들이 성장연합growth coalition을 형성해 지자체로 하여금 부동산 개발을 독려한다는 게 이 이론의 핵심이다. 이들 성장연합은 개발사업이 있어야 일자리도 생겨나고 지역 주민들의 부동산 가치도 올라간다는 성장 이데올로

사실 외곽개발에 대해 문제의식을 갖는 지역민들도 많지 않았다. 새 건물들이 들어서면, 도시가 깨끗해지고 있다고 생각했다. 도시가 커지고 도로도 새로 닦이니 자신들의 생활터전이 발전한다고 느꼈다. 일부 자치단체에서는 새롭게 개발된 지역으로 시청도 옮겼다. 문경·충주·나주가 그랬다. 외곽개발은 이러한 공공청사의 이전으로 더욱 정당화된다. 원도심은 이렇게 해서 주민들로부터 그리고 공공으로부터도 버림받았다.

한 가지 분명히 해야 할 게 있다. 필자는 도시의 외곽개발에 반대하지 않는다. 외곽개발은 도시에서 인구가 팽창할 때, 인프라 부족 문제를 해결하는 좋은 수단이다. 집값 상승도 막을 수 있다는 장점도 있다. 하지만 인구가 정체되거나 감소할 때는 얘기가 다르다. 그럴 때 외곽개발은 원도심의 인구를 빠져나가게 하는 주요한 원인으로 작용할 뿐이다. 그렇게 원도심이 쇠퇴해갈 때 원도심 살리기 운동을 한다? 그건 또 신도심을 죽이는 일이 된다. 대부분의 중소도시에서는 이렇게 인구를 둘러싼 원도심과 신도심의 경쟁이 존재한다. 상가도 마찬가지다. 인구가 줄고 있는 도시에서 신도심은 태생적으로 원도심의 에너지를 빨아먹게 돼 있다. 신도심을 살리면 원도심이 죽고, 원도심을 살리면 신도심이 죽는다.

수많은 중소도시들에서 이 같은 '시소게임seesaw game'이 나타나고 있다. 경주시의 예를 보자. 시의 한가운데를 관통하는 북천北

기를 펴뜨린다. 정치인들도 이들의 영향력을 무시할 수 없으니, 지역의 행정과 경제는 개발사업 위주로 돌아가게 된다.(김태일·좋은예산센터, 2014,『재정은 어떻게 내 삶을 바꾸는가』, 코난북스, pp. 273-277.)

川을 중심으로 경주는 크게 남쪽 구시가지와 북쪽 신시가지로 나뉜다. 외지인들이 경주를 방문할 때 주로 들리는 곳이 남측 구시가지다. 여기에는 그 유명한 천마총과 첨성대, 월지(안압지) 등의 볼거리가 밀집해 있다. 본래 경주 사람들은 이런 문화재 주변에 옹기종기 모여 살았다. 그러다 1980년대 중후반부터 경주의 구시가지에서 사람이 급속도로 빠져나갔다. 그리고 지금은 경주의 구도심을 살려야 한다고 시민들이 한 목소리를 내고 있다. 과연 1980년대 후반부터 경주에는 무슨 일이 일어났을까? 구도심의 쇠퇴는 바로 경주시의 북측 외곽(황성동, 동천동, 용강동 등)과 서측 외곽(충효동) 신시가지 개발과 관계돼 있다. 일단 이들 외곽지역에 들어선 200세대 이상의 아파트단지만 입주년도별로 나열해본다.(아래의 내용은 다 읽지 않아도 된다. 1980년대 중반 이후 이루어진 외곽개발의 스케일을 느끼는 것만으로도 족하다.)

황성동부터 시작하자면 1986년 황성주공1차(620세대), 1987년 만도기계사원(260세대), 1991년 황성주공2단지(848세대), 우주타운(320세대), 현대1차(240세대), 청우타운(240세대), 1992년 현대2차(368세대), 황성럭키(353세대), 삼익세라믹(298세대), 1994년 신흥로얄맨션1차(225세대), 1995년 신흥로얄맨션2차(294세대), 1996년 한신(298세대), 1997년 청우타운3차(480세대), 1998년 황성현대5차(724세대), 1999년 제일타운(200세대), 2008년 현진에버빌(604세대), 2016년 e편한세상황성(713세대) 등이 입주를 시작했다. 동천동에는 1990년 선주(200세대), 1992년 우주로얄맨션(324세대), 1997년 경주우방타운(816세대), 2010년 경주푸르지오(401세대) 등이, 용강동에서는 1993년 계림(420세대), 청구(294세대), 우주용강타운(300세대), 장미타워맨션(300세대), 1996년 경주서한타운(266세대), 2009년 현진에버빌2차(383세대), 2010년 용강삼환나우빌(573세대), 2013년 용황스위첸(480세대), 2017년 협성휴포레용황(1588세대) 등의 대규모 입주가 있었다. 경주시 서측의 충효동에도 많은 아파트들이 지어졌다. 1996년에는 충효대우1차(433세대), 충효에덴타운(227세대), 1995년 삼보마을1차(283세대), 1997년 충효대우2차(420세대), 2004년 삼정그린뷰경주본가2단지(239세대), 2010년 충효이안(608세대), 2015년 경주충효신원아침도시(229세대) 등이 입주했다.

일단 이들을 다 합하면 1만5869세대다. 200세대 이상 단지만을 뽑아본 것이니 이보다 훨씬 많은 세대가 외곽으로 이주했다고 봐도 된다. 지금도 북천의 북측에 용황도시개발사업이 진행중이고, 조만간 여기에 3700세대가 입주할 예정이다. 대충만 계산해도 외곽의 단지개발은 2만 세대 이상에게 새로운 보금자리를 제공했다. 그럼 얼마만큼의 인구가 외곽개발로 영향을 받았을까? 1세대에 3인이 산다고 가정하면 6만 명이다. 25만 명이 사는 경주는 인구가 증가하는 도시가 아니다. 도농통합된 1995년 이후 지금까지 인구 2만 정도가 줄었다. 이런 도시에서 6만 명이 살 수 있는 공동주택을 외곽에 개발해왔다면 그 결과는 뻔하다. 이렇게 외곽개발을 해대는데 원도심이 쇠퇴하지 않는다면 오히려 그게 기적에 가까운 일이다.

물론 문화재가 밀집한 경주의 원도심 인근은 문화재 보존·보호 문제 때문에 고밀도 개발이 힘들긴 하다. 이런저런 규제로 꽁꽁 묶여 있어서 높은 건물을 올릴 수 없다. 때문에 외곽개발을 주로 할 수밖에 없다고 해도, 원도심을 텅텅 비게 만들면서까지 외곽을 키우는 건 어리석다.

그럼 다른 도시들은 어떨까? 문경시를 다시 한번 호출해보자. 문경의 구도심은 점촌역 부근인데, 1989년 문경시청이 점촌동(구도심)에서 모전동(신도심)으로 이전함으로써 쇠퇴의 길을 걷는다. 비슷한 시기에 구도심에 있던 한국전력과 문경제일병원이 신도심으로 옮겼고, 이어 2005년엔 등기소, 2006년엔 연금관리공단과 선거관리위원회, 2008년엔 경찰서도 연달아 이전한다. 이들의 이전을 부추긴 건 1990년대 중반부터 신도심에서 진행된 대규모 택지개발이다. 여기서도 신도심에 들어선 200세대 이상의 아파트만을 나열해 보겠다.

1995년 모전주공(506세대)과 현대(240세대), 1997년 대동타운(476세대), 1998년에는 매봉주공2단지(928세대), 2002년 양지마을 대원(255세대), 2004년 문경영풍마드레빌(299세대), 2008년 문경 신원아침도시(343세대), 2014년 문경코아루(450세대)가 줄줄이 들어섰다. 이들만 다 합해도 3497세대다. 1세대에 3인을 가정하면 무려 만 명이 넘는 인구가 새로운 보금자리로 옮긴 것이다. 인구 8만도 되지 않는 문경시에서 구도심이 버틸 리 만무하다. 문경의 경우도 시소게임의 전형을 보여준다. 이처럼 외곽지역 개발은 구도심의 희생을 동반하며 진행된다.

문경시라고 이런 상황을 방관만 했겠는가. 점촌역 인근에 '차 없는 문화거리'를 조성한 것이 대표적인데, 이 사업에 문경시가 약 40억 원의 시비를 투입했다. 주민들의 자발적인 건의와 참여로 조성된 이 차 없는 거리에는 소규모 공연장뿐만 아니라 실개천도 흐른다. 덕분에 구도심은 예전에 없던 활기를 되찾았다. 차 없는 문화거리 조성에 결정적인 역할을 한 한 시민은 우리 답사팀에게 다음과 같은 얘기를 들려주었다.

"사람으로 보면 식물인간 상태가 되었다고 보면 됩니다. 그래서 '여기를 어떻게 살려보면 좋을까?' 생각하다가 '거리를 시민들에게 내줘야겠다. 차가 다니는 곳을 시민에게 내주면 사람들이 모여 들지 않을까'하는 생각하게 되었습니다. 그래서 도심을 한 번 살려보자는 취지로 뜻이 맞는 사람들과 사업을 구상하게 된 겁니다. (…) 주민들을 설득하는 데 엄청 오래 걸렸어요. 주민 서명을 받기가 정말 쉽지 않았습니다. 만일 시에서 이 사업을 시작했다면 아마 불가능했을 겁니다. (…) 특히 문경시에 차 없는 거리를 만드는 사업에 지역 신문사에서 많은 도움을 주었습니다. 차 없는 거리를 만들어야 한다는 일종의 압력으로 작용했죠. 그런데 처음에 시에서는 이 사업을 맡으려고 하지 않았습니다. 1~2억 정도의 적은 예산이 드는 사업이 아니었고, 실패의 위험도 있었기 때문이죠. 다행히도 문경시 정책기획단에서 맡아주어서 2009년도부터 관과 협력을 시작했습니다. 이렇게 사업비를 마련하는 기간만 3~4년이 걸렸습니다. 사업비 32억5000만 원은 모두 시의 지원을 받은 것이고요, 상업시설의 간판정비 사업만 도에서 6억 원 정도를 지원받았습니다."

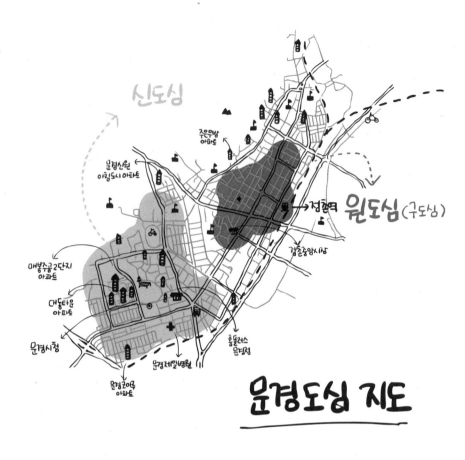

신도심

주은무방
아파트

문병신원
어링도시 아파트

→점존역 원도심 (구도심)

점존중앙시장

매방중공2단지
아파트

대동타운
아파트

문경시청

홈플러스
운덩점

문경제일병원

문경코아룩
아파트

문경도심 지도

　감동적이었다. 우리 눈에도 차 없는 문화거리는 깔끔하고 세련된 모습이었다. 거리의 한복판에는 개천이 흐르고 분수대에서도 물이 뿜어 나오고 있었다. 느낌은 좀 휭했고, 곳곳에서 임대딱지도 쉽게 발견할 수 있었지만, 위태위태하던 과거에 비해 비약적 변화가 있는 건 너무나 명백해 보였다. 문경시민들이 구도심 점촌의 부활을 반기고 있을 것이라는 생각이 들었다. 하지만 그에게서 우리는 의외의 이야기를 들었다.

"구도심이었던 이 지역이 차 없는 문화의 거리로 조성되면서 사람이 몰리던 신도심이 주춤하기 시작했습니다. 대로를 중심으로 승승장구하던 분위기에서 장사가 안 되기 시작하면서, 점포를 내놓고 오히려 구도심 쪽으로 이전한 사람들도 생겨났습니다. 구도심 상황과 신도심 상황이 역전되었다고 보시면 됩니다. 이러한 상황 때문에 신도심 사람 512명이 오히려 서명을 하는 사태가 벌어졌습니다. 문화의 거리 때문에 신도심의 활력을 잃었고, 신도심에도 전선 지중화사업 및 문화의 거리를 조성해 달라는 청원서를 제출한 상태입니다."

물론 구도심을 재생시키는 것 자체도 쉬운 일이 아니다. 하지만 그런 어려움을 이겨내고 구도심이 화려한 부활을 한다면, 그건 신도심에게는 큰 타격이 된다. 구도심 활성화는 신도시의 인구를 되찾는 방식으로 이루어지기 때문이다. 이런 상황이 발생한다면, 이번엔 신도심을 살리겠다고 돈을 쏟아부을 것인가? 구도심과 신도심의 시소게임, 이게 바로 지방 중소도시들이 처한 현실이다.

원도심이 텅텅 비는 이유: 대형마트

원도심 침체의 두번째 이유는 바로 대형마트다. 지방 중소도시 답사를 진행하면서 알게 된 사실은 1980년대 말까지 전통시장이 도시경제에 미치는 영향력이 상당히 컸다는 점이다. 그럴 만도 한 게, 대규모 전통시장은 십중팔구 원도심의 중심부에 자리 잡았으며 이를 중심으로 도보 가능한 거리에 주거지가 위치해 있었다. 대형마트와 백화점의 영향력이 커지기 전까지 전통시장은 도심에서 가장 핵심적인 기능을 했다. 단순한 시장의 기능을 넘어 마을행사에 관한 정보나 각종 이벤트가 넘쳤고, 이웃주민들과 환담을 나눌 수 있는 최상의 장소였다.

원도심을 북적이게 했던 전통시장의 활기는 1990년 중반 대형마트의 등장 이후 빠르게 사그라든다. 대형마트에선 거의 모든 생필품을 구입할 수 있었고 늦은 시간에도 장을 볼 수 있었다. 수만 가지의 상품들이 모두 바코드로 처리돼 쇼핑시간도 크게 단축되면서 쇼핑의 개념과 라이프 스타일을 바꿨다. 전통시장이 매력을 잃자 주변 주거지에 대한 선호도 급속히 감소했다. 공교롭게도 1990년대 초반부터 외곽에 건설된 대규모 공동주택과 맞물려 대형마트의 등장은 이렇게 원도심을 약화시켰다. 통계청 자료에 의하면, 2007년 이전에는 전체 전통시장의 매출액이 대형마트보다 컸다. 하지만 2007년에 역전된 이후로 그 격차는 지금까지 계속 벌어져만 왔다.*

전통시장 하면 떠오르는 이미지는 일단 노후 시설이다. 게다가 좁은 주차공간, 더러운 화장실, 비좁은 통로도 연상된다. 여름엔 너무 덥다. 그리고 겨울엔 춥다. 신용카드도 잘 안 통한다. 식품의 경우 원산지 표기가 없는 경우도 많다. 가격도 가게마다 천차만별이

● 물론 원도심의 전통시장이 대형마트에만 고객을 빼앗긴 건 아니다. 원도심에서 멀리 떨어진 곳에 아파트단지가 대규모로 개발되면서 상가가 분산된 것도 원도심 쇠퇴의 이유가 되었다.

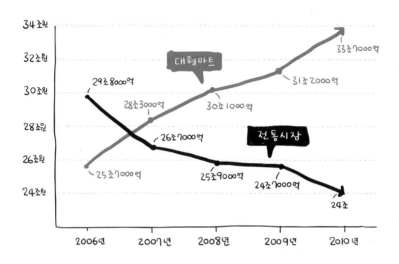

도표 16 **대형마트 vs 전통시장** 매출액 비교

34조원
32조원
30조원
28조원
26조원
24조원

대형마트

29조8000억
28조3000억
30조1000억
31조2000억
33조7000억

전통시장

25조7000억
26조7000억
25조9000억
24조7000억
24조

2006년 2007년 2008년 2009년 2010년

다. 흥정도 여간 피곤한 일이 아니다. 여차하면 바가지 쓰기도 한다. 그럼 돈을 들여 주차공간도 널찍하게 만들고, 쾌적한 환경을 만든다고 치자. 자, 손님이 더 많이 올까?

실제로 지방에 가면 대형마트처럼 꾸며진 전통시장도 있다. 군산공설시장은 국내 최초로 만들어진 마트형 전통시장이다. 일제강점기에 군산선 개통으로 인근의 식료품상들이 모여들어 만들어진 시장으로, 2012년 지상 4층짜리 현대화된 시설을 갖추고 다시 개장했다. 엘리베이터와 무빙워크뿐만 아니라 유아놀이방도 있다. 이곳만이 아니다. 경산에도 3층짜리 현대식 건물의 하양공설시장(하양 꿈바우시장)이 2013년 개장했다. 이 시장도 일제 강점기부터 명맥을 이어온, 말 그대로 '전통'시장이다. 여기도 무빙워크와 엘리베이터, 어린이놀이터 등 온갖 편의시설을 갖추고 있다. 건물 내에 여러 상점들이 밀집한 마트형 전통시장은 이밖에도 부산 남천해변시장, 김해 진영상설시장이 있다. 하지만 이들 모두가 영업에 어려움이 많다. 사람들이 이곳을 여전히 외면하는 이유는 간단한다. 거의 모든 소비품목을 갖추고 대기업 제품으로 무장한 대형마트를 따라갈 재간이 없기 때문이다. 대형마트나 백화점의 시설처럼 단장할 수는 있지만, 이들의 체계화된 상품 공급시스템을 흉내 내는 건 불가능에 가깝다.

한때 부와 명예를 누렸지만 지금은 모든 걸 잃은 몰락한 자의 뒷모습, 아니면 불꽃을 피우며 타던 마른 장작의 마지막 모습 같은 애뜻함 때문일까? 전문가들도 전통시장의 생존 노력에 힘을 보탠다. 상권활성화가 도시가 살 길이다! 정말로 이렇게 믿는 사람들도 많다. 소극장 등 전문공연장 유치, 예술의 거리 정비, 놀이의 거리, 축제거리, 노래자랑, 박물관 설치, 목공방 유치, 스토리개발, 다이어리 배포, 홈페이지 작성, ICT 카페설치, 청년창업공간 마련 등 정말 많은 아이디어들이 쏟아져 나왔다. 하지만 이런 노력으로 살아난 상권이 얼마나 될까? 이를 위해 엄청난 정부예산이 사용되었지만, 전통시장은 밑 빠진 독처럼 돈을 삼켜버렸다.

청주시가 서문시장의 활성화를 위해 야심차게 추진한 풍물야시장은 국토부의 '도시활력 증진지역 개발사업'의 하나로 2015년 10월 개장했다. 개장 후 한 달 정도는 좋았다. 대박 조짐도 보였다. 하지만 딱 한 달만 그랬다. 매출 하락으로 시장이 폐쇄되기까지 걸린 시간은 8개월이 채 되지 않았다. 야시장을 만들기 위해 국비와 시비 등 60억 원 가까운 돈이 투자되었다.[12] 이 투자비는 허공에 뿌려진 돈이 되었다.

전통시장이 고전하는 건 중소도시에만 국한되지 않는다. 인천시 남구의 용현시장도 중소기업청의 지원을 받아 '청년 상인 드림몰'을 만들었다. 2016년 6월 개소식에서 인천 남구청장은 "끼와 참신한 아이템을 갖춘 청년 상인들이 용현시장에 젊은 기운을 불어넣어 시장이 더욱 활성화하는 계기가 될 것으로 기대한다"고 희망했다. 선정된 10명의 젊은 상인들에게 창업교육뿐만 아니라 6개월간의 임차료 지원, 인테리어 비용 보조, 홍보·마케팅 등의 운영 비용도 지원했다. 전통시장의 활성화뿐만 아니라 젊은이들을 위한 일자리를 제공할 수 있다는 점에서 두 마리의 토끼를 한 번에 잡을 수 있는 전략으로 보였다. 청년들이 차린 상점을 돌며 도장을 받는 재미가 쏠쏠하도록 스탬프 투어도 만들었다. '열대의 오후' '그린티셔츠' '청년도배꾼' 'DIY Party' '카페, 문득' 'DEF 슈즈' '소소한 家' 'Lunch Pic it' 'SUSUAN' 'Youmade' 등 이름부터 메뉴까지 톡톡 튀는 아이디어로 가득했다. 결과는? 점포 개소식을 가진 지 6개월이 지나 살아남은 곳은 '카페, 문득' 단 한 곳뿐이다.[13] 전멸에 가까운 실적을 보인 청년창업 사업은 '아무리 발버둥 쳐도 전통시장이 할 수 있는 건 없다'는 낙인만 남겼다.

물론 청년창업이 매번 실패만 하는 건 아니다. 광주시 1913송정역시장과 원주시 중앙시장의 경우 청년들의 창업으로 예전보다 더욱 활기찬 모습이다. 하지만 이 또한 지켜봐야 한다. 2014년에 청년상인 13팀이 입주했던 광주시 대인시장의 경우도 처음에는 성공하는 듯 보였다. 반짝 주목을 받았고 고객도 증가했다. 하지만 3년간의 지원이 끊기자마자 5곳의 점포가 문을 닫았다.[14] 이처럼 전통시장 활성화 정책은 쉽지 않다. 정부는 2002년 이후 12년간 전통시장 활성화사업에 3조5000억 원에 가까운 돈을 투입했다. 하지만 같은 기간에 전통시장의 매출액은 40조 원에서 20조 원으로 반 토막 났다.[15]

그렇다고 대형마트를 반으로 줄인다면? 기대하기 어려운 상상이시만, 전통시장이 되살아날까? 아닐 것이다. 사람들은 남아 있는 대형마트로 몰릴 것이다.

대형마트의 평균 연면적은 약 1만m^2이다. 축구장의 1.5배 크기의 대형마트 평균 연매출은 700억 원에 달한다고 한다.[16] 하지만 고용된 인원은 고작 400~500명 정도뿐이다. 대형마트 1개 출점시 발생하는 지역주민 고용효과는 평균 250여 명 정도이다.[17] 이러한 평균적 조건의 대형마트가 지방 중소도시에 생겼다고 하자. 지역주민 중 250명이 고용될 수 있을 것이다. 하지만, 해당지역에 이런 조건의 대형마트가 아예 없는 경우를 상상해보자. 최대 700억 원의 상품이 전통시장, 그리고 지역상점에서 팔려나갈 가능성이 있다. 시장에서 몇 명이 더 일할 수 있을까? 전통시장의 경우는 종사자 1인당 일 년에 5924만 원 정도의 매출을 올린다고 한다.[18] 그러니 700억의 매출이면 약 1181명 정도가 전통시장에서 일할 수 있다. 물론 대형마트가 없다면 전통시장 종사자 1인이 더 많은 매출을 올릴 수도 있다. 기존 전통시장 종사자들의 매출이 2배 정도 증가한다고 가정해도 고용효과는 500명이 넘는다. 대형마트 250명 대 전통시장 500명! 전통시장은 대형마트에 비해 무려 2배 이상을 더 고용할 수 있는 것이다.

하지만 문제는 단지 일자리 수에 국한되지 않는다. 일자리의 질도 문제다. 대형마트 계산대에서 일하는 근로자들은 낮은 임금의 비정규직인 경우가 대부분이다. 이들이 받는 임금과 처우는 대형마트로 인해 없어진 일자리보다 결코 좋지 못하다.

만일 대형마트에 첩첩이 쌓인 상품들을 지역주민들이 나누어 판매한다고 가정해보자. 전통시장 상인들의 수입은 대형마트의 비정규직 근로자가 버는 돈보다 훨씬 클 것이다. 그리고 이들의 수입은 다시 지역에 재투자될 것이다. 대형마트가 지역에 기여하는 바가 없는 건 아니다. 지역기업들이 만든 상품을 구매해주고, 지방세도 납부한다. 그리고 지역에서 채용된 근로자들에게 주는 임금도 대형마트의 지역사회 기여분에 해당된다. 하지만 기여 정도는 그리 크지 않다.

청주시에 있는 6곳의 대형마트와 1곳의 SSM을 대상으로 '매출액 대비 해당지역에서의 지출액'를 계산한 최근의 연구에 의하면, 이들의 지역기여도는 16.1%에 불과한 것으로 나타났다.[19] 지역기여도를 조금 더 높게 잡아 약 20% 정도가 지역 경제에 돌아오고 나머지는 밖으로 빠져 나간다고 가정해보자. 700억 원 정도의 매출을 보이고 있는 한 점포에서만 560억 원 이상이 유출되는 셈이다. 이 돈은 대형점포의 본사가 있는 대도시로 흘러 들어간다. 이렇게 빠져나간 돈 560억 원이 외부로 유출되지 않고 해당 지역 주민들의 호주머니로 들어온다면? 이는 560억 원보다 훨씬 큰 가치를 발생시킨다. 지역 내에 머문 돈은 '소비 → 생산 → 소비 → 생산 → …'

의 과정을 통해 돌고 돌면서 새로운 가치를 지속적으로 창출하기 때문이다.

지금도 재생사업에 엄청난 돈이 사라지고 있다

급속한 도시 쇠퇴에 다급해진 정부는 예산을 쏟아붓기 시작했다. 2014년 정부는 도시재생으로 살아날 가능성이 높아 보이는(?) 지역 13곳을 지원하면서,* 국비와 지방비의 비율은 반반으로 정했다.(근린재생 소규모 사업의 경우 국비와 지방비의 비율은 6대 4이다.) 부산 동구, 충북 청주, 서울 종로, 광주 동구, 전북 군산, 전남 목포, 경북 영주, 경남 창원, 대구 남구, 강원 태백, 충남 천안, 충남 공주, 전남 순천의 일부 지역을 선정해 '도시재생 선도지역'이라 불렀다. 확실하게 본보기를 보이려면 '투입한 돈 대비 효과가 확연히 드러날 수 있는 곳'이 좋다. 그래서 선도지역의 선정요건은 대충 다음과 같아야 했다.

먼저, 재생이 긴급히 필요한 지역이다. 쇠퇴가 많이 진행된 지역이란 뜻이다. 죽어가는 사람을 살리는 것과 같은 극적인 효과를 얻기 위해서 어느 누가 봐도 상태가 안 좋은 지역을 선정하는 게 좋지 않겠는가. 둘째는, 주변에 미치는 파급효과가 큰 지역이다. 이는 재생사업의 가성비를 높이기 위함이다. 치유의 효과가 커서 인접한 지역도 함께 좋아진다면, 이보다 좋은 일이 어디 있겠는가. 이 경우

● 공모사업으로 진행된 선도사업에 모두 86개 지역이 신청했다. 도시재생 전문가들에 의해 이 중 13곳이 선정되었다.

특정지역의 재생사업이 주변지역을 심기일전하게 만드는 자극제도 될 수 있을 것이다.

정부는 13개 선도지역에 4년간 총 2700억 원의 예산을 투입하고 있다. 1개 지역 평균 200억 원 정도 투자하는 셈이다. 2016년에는 도시재생 사업지역 33곳이 추가로 지정되었다.* 그리고 여기에 총 3100억을 투입하기로 했다. 46곳(13곳+33곳)에 총 5800억 원이 투자되고 있는 셈이다. 이 정도 투자액이 재생의 효과를 기대하기에는 충분하지 않다고 생각하는 사람들도 많다. 하지만 실제로 도시재생에 투입되는 돈은 이보다 훨씬 크다. '재생사업'이란 이름만 붙어 있지 않을 뿐이지, 재생사업이나 다름없는 사업도 많다.

정부는 2011년부터는 '도시활력증진지역개발사업'이라는 이름으로 99개 시·군에 대해 지원해왔다.(현재는 도시생활환경개선사업으로 이름이 바뀌었다.) 이 또한 이름만 다르지 소규모로 진행되는 도시재생사업의 성격이다. 주거취약지역 개조사업도 있다. 일명 '새뜰마을사업'이라고 불리는 이 사업은 가장 빈곤한 지역을 대상으로 한다. 최저 주거기준에도 미달하고 사회적 약자가 밀집된 지역들이다. 주택개량과 소방도로·하수관 등의 기반시설을 설치할 뿐만 아니라 마을카페나 도서관, 공동육아시설도 지원한다. 2015년에는 85개 마을에 550억 원, 2016년에는 151개 마을에 700억 원, 2017년에는 202개 마을에 895억 원을 지원할 예정이다.[20] 총 438곳의 마을에 2145억 원이 투자되었으니, 마을 하나당 5억 원 정도

● 33곳 중 경제기반형 사업은 5곳, 중심시가지 근린재생형 사업은 9곳, 일반근린재생형은 19곳으로 결정되었다.

를 지원받은 셈이다.

2017년 대선 당시, 대선후보였던 문재인 대통령은 이렇게 공약했다. "새 정부가 들어서면 바로 도시재생 뉴딜사업을 추진하겠다. 매년 10조 원대의 공적 재원을 투입해 매년 100개 동네씩, 임기 내에 500개의 구도심과 노후주거지를 살려내겠다. (…) 그동안 도시재생사업에는 연간 1500억 원 정도가 투입됐다. 생색내기에 불과하다."[21]

10조 원의 도시재생 예산은 중앙정부의 재정에서 매년 최소 2조 원 이상, 주택도시기금으로부터 5조 원을 마련하고(주택도시기금으로부터 융자·투자·출자 방식), 나머지 3조 원은 지자체와 LH(한국토지주택공사), SH(서울주택도시공사)의 사업비 등으로 마련할 계획이라고 밝혔다.[22] "동네마다 아파트단지 수준의 마을 주차장, 어린이집, 무인택배 등의 설치를 지원하겠다"고도 말했다. 5년간 50조 원이 투입되는 어마어마한 사업이다. 매년 100곳, 그러니까 5년간 500곳을 살려내겠다고 한다. 500곳이면 우리나라 웬만한 지자체는 다 건드리는 것일 게다. 도시재생 뉴딜사업의 주요 대상지로는 노후 저층 주거지, 구도심, 전통산업 집적지, 전통시장, 쇠퇴한 농촌지역 등이 포함된다. 이 사업을 이끌어갈 국토부 내 조직인 '도시재생사업기획단'도 꾸려졌다.

20년 후 지자체 30%가 제 기능을 상실할 것으로 예상되는 상황에서 실로 반가운 소식이 아닐 수 없지만, 우리가 바로 알아야 할 사실이 있다. 정말로 지금까지 도시재생사업에 매년 1500억 원 정도밖에 투입이 되지 않았을까? 도시재생과 관련한 사업은 국토교통부나 지역발전위원회만 관여하는 게 아니다. 문화체육관광부·행정자치부·농림축산식품부·중소기업청·환경부·산업통상자원부·보건복지부·고용노동부 등도 각 부처의 성격에 맞는 사업을 통해 쇠퇴지역 활성화를 위해 노력해왔다. 다소 길지만 어느 정도인지 실상을 알아보는 차원에서 열거해본다.

3대 문화권 광역관광개발, 문화를 통한 전통시장 활성화 사업, 소외계층 문화복지 지원사업, 아시아 문화예술 활성화 거점 프로그램, 아시아 문화중심도시 조성사업, 관광특구활성화사업, 문화지구, 관광지 리모델링, 문화향유시설 접근성 확대, 산업단지 문화재생 사업, 공예산업진흥기반구축, 제주관광진흥재원, 국제영상콘텐츠밸리 조성, 중부내륙권 관광개발, 개방형 다목적체육관 건립 등은 문화체육관광부가 주관해온 사업이다. 행정자치부는 우리마을 녹색길 조성사업, 접경권 평화누리길 조성, 마을만들기 육성, 희망마을 만들기, 마을기업 육성사업, 지역공동체 일자리사업, 특수상황지역개발, 제주해군기지 주변지역발전지원, 친환경 생활공간 조성사업, 자전거 인프라 구축 등의 사업을 벌였다. 농림축산식품부가 벌였던 사업에는 농촌 고령자 공동이용시설지원 시범사업, 지역단위 친환경 축산단지조성, 민간육종 연구단지, 농촌활력 정착지원, 지역행복생활권 협력 사업 등이 있다. 중소기업청 추진사업에는 전통시장시설 현대화사업, 전통시장 경영현대화 사업, 문화관광형 전통시장, 상권활성화 지원사업, 녹색클린시장 육성사업 등이 포함되어 있다. 환경부도 생태하천 복원사업, 도심복개하천 복원사업, 생태관광사업, 농어촌마을 하수도 정비사업 등을 추진해왔고,

산업통상자원부도 지역특화발전 특구제도, 커뮤니티 비즈니스 시범사업에 관심을 가져왔다. 드림스타트·지역자활센터는 보건복지부가, 사회적 기업육성과 지역맞춤형 일자리 창출사업은 고용노동부가 추진했다.

이렇게 많은 부처들이 투입하는 돈을 모두 합하면 4조 원이 훨씬 넘는다. 단지 도시재생 사업이란 이름으로 분류되지 않았을 뿐, 많은 사업들이 부처별로 각각 추진되었다. 그러면서 부처 간 소통이나 협업도 그다지 없던 탓에 도시재생 관련 예산이 어느 정도인지 한 번에 파악하기 힘들었고 중복투자라는 고질적인 문제도 발생해왔다. 극단적인 경우에는 하나의 지자체가 동일한 사업에 대해 여러 부처로부터 예산을 중복 지원받은 경우도 있다.•

이런 저런 이름으로 4조 원이 넘는 돈이 재생을 위해 쏟아부어지고 있지만, 전문가들은 '사업의 효과가 별로 없다'고 판단하고 있다. 다시 한 번 강조하지만, 이유는 간단하다. 예산 사용의 효율성이 떨어지고 있기 때문이다. 그래서 약발이 먹히질 않는다. 원도심은 쇠퇴하고 주거지는 외곽으로 더욱 퍼져나갔다. 수도권이나 인근 대도시로 빠져나간 인구도 많다. 집들이 더 듬성듬성해지는

• 중복 투자의 예를 하나 살펴본다. 구미시는 2010년에는 '역사문화디지털센터' 건설을, 2011년에는 '채미정 주변정비사업'을 추진했다. 역사문화디지털센터는 구미시와 관련된 역사적 인물을 기리고 홍보하기 위해 역사관·전시관·교육시설·영상홍보관을 갖추고 있다. 투자비는 228억 원으로 계획되었고 여기에 문화체육관광부가 160억 원을 지원했다. 하지만 구미시는 또 이 센터에서 불과 1km도 떨어지지 않은 곳에 180억 원을 투자해 '채미정 주변정비'를 하겠다고 했다. 이 사업 또한 구미 출신의 성리학자 야은 길재 선생을 기리고 홍보하기 위한 사업으로서 입체홍보관, 야은 사상체험관, 문적전시관 등을 계획했다. 여기에는 문화재청이 90억 원을 지원했다. 결국 이 두 사업은 감사원의 지적을 받고 하나의 사업으로 묶여 추진되었다.

데 마을의 전통시장이 어떻게 활성화될 수 있겠나. 하수도를 정비해도, 사회적 기업을 지원해도, 생태관광사업을 해도 살아날 수 없는 마을이 부지기수이다. 그럼 도대체 어떻게 해야 하는가?

정부의 재생사업이 효과를 발휘하기 위해서는, 도시의 인구가 더 이상 흩어지지 않게 막아야 한다. 이미 인프라가 갖추어진 곳에 투자가 집중되어야 하고, 더 이상의 외곽개발은 금지시켜야 한다. 그리고 도시의 중심지역으로 인구가 모여야 한다. 그것이 지방 중소도시가 생존할 수 있는 유일한 방향이다.

6장

지방도시의 마지막 비상구

현 정부의 도시재생 정책, 성공 가능성 낮다!

이미 미국·영국·일본을 비롯한 선진국들은 한때 잘 나갔던 도시들이 급속히 쇠퇴하는 문제에 부딪혀왔다. 미국의 디트로이트는 파산한 도시의 대명사로 교과서에 자주 등장하고, 영국의 리버풀과 셰필드 또한 도시가 고꾸라지면서 발생하는 여러 가지 사회·경제적 문제로 전전긍긍하고 있다. 이웃한 일본에서는 100년 후 인구가 지금의 40% 수준으로 줄어 많은 수의 지자체가 소멸될 것이라 걱정하고 있다.[1]

우리나라로 돌아와보자. 지난 10~20년간 인구가 빠져나가 고민하는 지방의 중소도시들은 대부분 더 비어갈 것이다! 그리고 원도심은 더욱 피폐해질 것이다!

이런 모습에 정부도 당황하기 시작했다. 천문학적 돈을 쏟아붓

디트로이트의 슬픈 추억

산업쇠퇴 · 인구 반토막 · 가로등 꺼짐 경찰 40% 축소 · 소비력 저하 경제활력 뚝 · 흉악범죄 급증 · 세수감소 · 세금부담 증가 · 공공서비스 질 저하

한국의 예비 디트로이트 대기중…

는 데도 효과가 없다는 걸 알기 시작했다. 문재인정부의 연 10조 원 짜리 도시재생 공약에서 정부의 위기의식을 느낄 수 있다. 재임기간 동안 50조 원을 쓴다고 하는데, 그 돈이면 그렇게 비판받은 4대강사업을 두 번도 할 수 있다. 50조 원을 우리나라 5000만 인구로 나누면 1인당 100만 원 정도, 4인가구를 기준으로 하면 5년간 400만 원 정도가 소요되는 셈이다. 정부는 국고뿐만 아니라 주택도시

기금과 LH(한국토지주택공사), SH(서울주택도시공사)의 사업비를 이용한다고 했지만, 많은 전문가들은 정말로 그런 큰 재원을 마련할 수 있는지 의문을 갖고 있다. 하지만 이보다 더 걱정되는 건 정부가 너무나 조급히 재생사업을 서두른다는 점이다.

정부의 발빠른 대응이 좋을 때도 있다. 하지만 도시 쇠퇴의 경우에는 문제를 악화시키는 경우도 많다. 어떤 지역에서 폐·공가가 발생하기 시작했다는 건 그 지역이 사람들로부터 외면당하고 있다는 이야기다. 새 도심으로 사람들이 이동하면, 옛 도심이 비어가는 건 자연스러운 현상이다. 그러면 땅값과 집값의 하락이 이어지기 마련이다. 하지만 쇠퇴하는 원도심의 땅값과 집값은 꿈쩍도 하지 않는다. 웬만해선 임대료도 잘 하락하지 않는다. 땅 주인과 건물주들이 갖고 있는 정부에 대한 무한한 신뢰(?) 때문이다. 이들은 조만간 정부가 개입해서 자신들을 구제해줄 것이라 믿고 있다. 정부도 이들의 기대를 저버리지 않는다. 쇠퇴하는 지역에 긴급 자금을 투입하고, 길거리 정화사업을 시작한다. 가로등과 CCTV도 새로 설치하고, 분수대도 만들고, 보도블록도 새롭게 단장한다. 하지만 정부의 이러한 노력에도 불구하고 새롭게 단장한 원도심 지역 곳곳에선 여전히 '임대합니다'가 자주 눈에 띈다. 겉은 말쑥한데 속은 비어 있는 것이다.

깨진 유리창 이론에서처럼 빈집이 하나 발생하면, 쇠퇴를 막기 위한 개입은 빠르면 빠를수록 좋다. 하지만 우리의 현실을 생각해보자. 20년 후 지자체 30%의 파산이 예상되는 상황에서 활력이 떨어진 모든 곳에 개입할 수 있겠는가? 쇠퇴하는 모든 곳을 치유하겠다고 덤벼들었다간 재정 파탄으로 인해 모두가 공멸의 위기에 처할 수도 있다. 그럼 어떻게 해야 할까? 정부는 쇠퇴하는 모든 곳을 재생시킬 수 없다는 걸 곧 깨닫게 될 것이다. 그래서 지방도시들에 대한 선별적 개입(혹은 차별적 개입)이 불가피하다. 정부가 당장 해야 할 일은 재생의 필요성이 높은 지역을 선별하는 것이다. 지금처럼 '쇠퇴하는 동네를 모두 보듬어 안고 가겠다!'고 공공연히 선전하면 안 된다.

경우에 따라 정부는 기다릴 줄도 알아야 한다. 재생이 꼭 필요한 지역들도 쇠퇴의 원인이 천차만별이다. 예컨대 어떤 쇠퇴지역은 입지가 매우 좋아 개발 잠재력이 높지만 땅값이 높아 개발이 지연되고 있다. 여기에 정부가 재생사업을 하겠다고 나서면 땅값은 더욱 높아지고 재생의 가능성은 더욱 요원해진다. 쇠퇴가 더 진행되면 집값이 떨어지고, 충분히 집값이 떨어진 후에는 누군가가 이를 구매해서 새롭게 개발할 수 있다. 충분히 쇠퇴하지 않은 지역에 정부가 돈을 들여 인프라를 재단장하면 집값은 떨어지지 않고, 빈집과 빈 점포만을 양산하게 된다. 실제로 도시재생 지역전문가들은 성공적으로 보이는(?) 마을 만들기의 부작용에 답답해하기도 한다. 마을이 새로이 단장된 이후, 집을 매매하고 떠나는 주민들도 많기 때문이다. 나날이 기울어져가는 지역의 땅값 하락에 전전긍긍하던 이들에게 정부는 참으로 감사한 존재다.

이게 바로 쇠퇴지역 재생을 위한 개입에 '타이밍'이 중요한 이유다. 재생의 뜻은 '죽다 살아나는 것'이다. 재생사업은 '죽어가는 지역을 살리는 사업'이다. 하지만 어떤 학자들은 '우리나라에 죽을

뻔했던 도시가 있는가?'라고 반문한다. 외국에서 재생사업이 들어가는 지역은 상태가 정말로 안 좋은 지역들이다. 우리나라 사람들 대부분은 이런 지역을 본 적이 없을 것이다. 아마 영국이나 미국의 재생사업 지역을 거닐면 등골이 오싹할 수도 있다. 어두운 골목, 온갖 낙서로 가득한 폐가, 약에 취한 듯한 부랑자가 던지는 흐릿한 시선 등 우리나라에선 볼 수 없는 풍경이 펼쳐진다. 우리나라의 재생사업이 할렘가의 개발과 비교되기도 하는데, 이에 대해 서울대 김경민 교수는 이렇게 지적한다.

"나는 조금 다르게 생각한다. 우리나라의 저소득층과 미국의 저소득층 간 차이는 상당히 크다. 1950~1970년대 미국의 심각하게 낙후된 지역은 (임대) 아파트 유리창이 깨져 있고, 그야말로 치안이 위험한 지역이었다. 어떤 지역에서는 쥐들이 자고 있는 아이들의 귀를 갉아먹을 정도로 위생도 빵점이다. 한국 그리고 서울에 그렇게 주거 환경이 밀집된 곳이 있는가? 과거 미국의 슬럼처럼 주거가 열악하지 않다. 미국식으로 동네가 망한 곳은 적어도 서울에는 없다. 미국 슬럼처럼 낙후돼 있으면 변해야 한다. 새로운 사람과 자본이 후미지고 낙후된 지역에 들어와서 지역의 변화에 일조해야 한다. 하지만 서울의 경우, 젠트리피케이션이 일어났다고 여겨지는 동네 중, 상황이 그렇게 심각한 지역은 많지 않다. 지금 젠트리피케이션이 일어나는 서촌은 중산층과 건전한 서민들이 사는 동네다. 성수동도 일반 시민이 사는 곳이다. 그런 곳에 무슨 젠트리피케이션을 통한 도시 재생이 필요한가? 이태원의 경우, 저소득층이 살지만 그곳 역시 사람 사는 동네다. 미국 슬럼과 다르다. 아이들을 교육시키고 자신들의 삶을 고민하는 사람이 사는 생활 터전이다. 그런 동네에는 젠트리피케이션이 아니라, 그런 동네에 사는 저소득 서민들의 생활수준을 올리는 방식을 고민해야 한다."[2]

정부는 상대적으로 열악한 지역에 대해 매년 10조 원씩 투자해 노후주택을 지원하고 생활여건을 개선하겠다고 선언했다. 문재인 식 도시재생은 노후화된 지역을 까부수고 새로 아파트를 짓는 방식이 아니다. 앞으로의 도시재생은 기존 동네를 유지하면서 소규모 개발을 하는 방식이다. 그러니 신규 아파트 공급이 줄면서 아파트 가격이 상승할 수 있다는 기대도 커지고 있다. 새 정부 출범과 함께 주택가격이 강세를 보이자, 일부 언론은 '정부의 도시재생 정책이 투기심리를 조장하는 듯하다'고 분석했다.[3] 실제로 부산의 경우 도시재생 사업이 예정된 영도구와 서구에 투기세력이 몰리고 있다. 심지어는 부산의 원도심 내 재생사업 후보지에 대기업까지 나서서 부지 매입을 시도하고 있다.[4] 이런 쇠퇴지역의 주택가격 상승은 미국의 금리인상, 주택공급과잉 우려, 대출규제(DTI와 LTV규제) 강화 등으로 인한 주택가격 약세전망과는 정반대의 흐름이다.[5] 유념해야 할 건 동시다발적으로 진행되는 도시재생 사업이 사람들의 기대심리를 더욱 자극한다는 점이다. 그래서 노후 지역도 부동산 가격이 떨어지지 않는다. 그리고 이는 필히 재생사업의 성공 가능성을 낮추는 요인으로 작용할 것이다.

도시를 압축하는 것만이 살 길이다

중소도시들의 쇠퇴 경향을 만들어내는 우리 사회의 '메가트렌드'가 너무 강하다보니, 이제는 '빠르게 쇠퇴하는 중소도시를 어떻게 예전의 상태로 되돌릴 것인가'를 논의하는 게 무의미하다고 생각하는 학자들도 많다. 이들의 고민은 '쇠퇴하는 도시를 살릴 방안'이 아닌, '쇠퇴도시의 충격을 최소화할 방안'에 대한 것이다.

중소도시들이 가진 여러 문제에 대해 하나의 처방전을 내놓는 건 옳지도 않고, 그렇게 해서도 안 된다. 쇠퇴의 양상이 각양각색이라 이 도시에 적용될 수 있는 처방이 저 도시에는 효과가 없거나 독이 될 수도 있기 때문이다. 그럼에도 불구하고 다소 추상적인 차원에서라도 쇠퇴하는 대부분의 중소도시에 적용될 수 있는 전략에 대해 말해보고자 한다. 이를 어떻게 구체화할지는 도시의 특색에 맞추어 변형하는 과정을 거치면 될 것이다.

이 전략의 핵심은, 이제는 도시를 '성장'시키는 것이 아니라 '압축'하는 쪽으로 방향을 바꿔야 한다는 것! 말하자면 '압축도시compact city 전략'이다. '무분별하게 외곽으로 팽창하는' 도시에서, 주거 및 상업 등의 도시 기능들을 혼합하고 높은 밀도로 이용하게 하는 실천방안이다. 간단히 말해, 미국식의 '듬성듬성한' 개발이 아닌 일본이나 한국식의 '빽빽한' 개발이라 할 수 있다. 빽빽한 개발을 하면 버스나 지하철 등의 대중교통 효율성이 높아진다. 사람들이 빽빽하게 모여 있으니 통행거리가 짧아지고 전기소비량도 감소하는 등 1인당 에너지 효율도 좋아진다. 도시계획에서 압축도시 전략은 본래 쇠퇴도시에 적용된 개념이 아니다. 제2차 세계대전 이후 도시가 성장하면서 외곽으로의 인구이동이 일어났고, 이에 따라 도시 외곽의 자연환경이 파괴되는 현상이 나타났다. 게다가 인구가 듬성하게 외곽에 거주하니 대중교통을 제공하는 데도 너무 많은 비용이 소모되었다. 이러한 저밀도 개발에서는 자동차가 필수품이 됐고, 이로 인한 지구 온난화 등의 환경 이슈가 생겨났다.[6] 압축도시에 대한 관심은 저밀도 개발이 더 이상 지속가능하지 않다는 문제의식에서 나왔다.[7]

도시를 압축적으로 활용하는 전략에는 크게 '고밀도 개발' '복합적 토지이용' '대중교통의 활성화'의 세 가지 핵심적인 내용이 포함된다. 최근에는 이런 압축도시 전략을 쇠퇴하는 도시에 적용해야 한다고 주장하는 사람들이 많아졌다. 쇠퇴도시에 왜 압축의 개념을 적용하려 할까? 그 이유는, 중소도시가 '빽빽한 곳'에서 '듬성듬성한 곳'으로 변해가고 있기 때문이다. 그러나 아무리 소수의 인구가 거주하는 곳이라도 도로는 깔아야 한다. 상하수도 시설도 제공해야 한다. 이들 서비스는 주민의 인간다운 삶을 위해 필요한 최소한의 복지다. 도로가 있어야 주민들도 사람답게(?) 이동할 권리를 보장받을 수 있는 것 아닌가. 상하수도가 있어야 깨끗한 물도 마시고, 폐수도 적절히 처리할 것 아닌가.

하지만 이런 권리를 보장하는 것도 예산이 허용하는 선에서만 가능하다. 사람들이 듬성듬성 살고 있는데, 예전과 같은 도로를 계속 깔아주어야 한다면 1인당 인프라 투자효율은 계속해서 떨어질 것이다. 그래서 특정한 구역에 인구를 모으려는 전략이 등장하는 것이다. 마을회관이나 도서관도 마찬가지다. 인구가 듬성하게 분포한다면 이 시설들의 효율도 떨어질 수밖에 없다.

쇠퇴도시 압축화 전략은 일본에서 가장 먼저 시도되었다. 전세계에서 가장 높은 고령화율과 지방인구의 감소를 보이고 있는 일본의 고육지책이다. 일본의 지방도시 쇠퇴 양상은 우리나라와 크게 다르지 않다. 쇼핑몰과 주택이 도시 외곽에 건설되어 기존의 도심은 인구가 빠져나가 휑한 모양새로 남아 있다. 인구감소 추세 속에서 남은 인구도 흩어져 있으니 교통·교육·의료 등의 복지서비스를 제공하는 데 더 많은 비용이 소요되었다.

늘어나는 비용에 위협을 느낀 몇몇 쇠퇴도시들이 낸 해결책은 다시 도시 중심부로 주거와 상업기능을 모으는 것! 일본 북부의 아오모리시(인구 약 29만 명)가 그렇게 했다.[8] 무엇보다 도시의 중심

기능을 살리는 정책이 필요했다. 그런 차원에서 2000년 1월 아오모리역 앞에 상업시설과 공공시설을 섞은 빌딩도 오픈했다. 그 유명한 '아우가' 빌딩이다. 지상 9층의 건물로 지하에는 음식점과 시장, 1~4층은 쇼핑존, 5~6층은 남녀 공동참여 플라자, 6~9층에는 시민도서관을 만들었다. 그리고 제설비용을 줄이기 위해 원도심에 자연열을 이용한 제설장치를 설치하고, 전선도 지중화했다.

일본 중부의 도야마시(인구 약 42만 명)도 마찬가지이다. 반듯하게 난 큰 도로를 따라 빌딩이 숲을 이루고 있는 이 도시에는 일본 지방도시들 특유의 오밀조밀함이 없다. 도야마시는 군수산업이 집중되었던 곳이라 제2차 세계대전 때 미군으로부터 대규모 폭격을 받아 기존 도심이 파괴되었다. 도시를 재건할 때 자동차 이용이 편한 현대식 도시로 설계하고서, 사방팔방으로 뻗은 도로를 따라 저밀도로 개발했다.[9] 도시 외곽의 지속적 개발은 중심지의 인구를 더욱 감소시켰고 가게 영업도 어려워졌다. 제설작업이나 쓰레기 수거 등의 행정비용이 도시 외곽지역에서 급격히 증가했다. 이에 도야마시는 압축도시의 핵심전략 중 하나를 채택했다. 대중교통의 활성화!

2006년 이용자 수가 심각하게 감소한 도야마선을 대신해 경전철을 도입하고 이를 버스운행과 연계시켰다. 고령자가 많은 시의 특성을 감안해 바닥을 낮춘 경전철도 도입했다. 그리고 대중교통 노선을 중심으로 주거지와 상업시설·업무시설·문화시설을 집중시켰다. 대중교통의 결절점에 거주하도록 유도하기 위해 '거주촉진지구'도 도입했다. 이 지구는 철도역에서 500m 지점, 버스정류

장에서 300m의 범위에 지정되었다. 도심 내에 주택을 구할 경우에는 취득세를 깎아줬다. 임대주택인 경우 집세도 보조했다. 도야마시는 이런 방식으로 공공서비스의 효율성을 높이려 했다.

두 도시는 2007년부터 '중심시가지활성화 기본계획'을 통해 쇠퇴해가는 시가지 안에 더 많은 인구가 거주하도록 유도하는 정책도 폈다. 아오모리는 역 앞 재개발사업을 통해 원도심의 부활을 꾀했고, 도마야시는 철도나 버스 등의 대중교통이 생활거점을 체계적으로 연결토록 했다. 이렇게 압축도시 전략을 실행한 이후 다른 일본 지방도시들과는 다르게 인구감소세가 확연히 낮아졌다.

물론 두 도시의 노력이 성공적인 것만은 아니다. 아오모리시의 복합상업시설인 아우가는 경영위기로 고전했고, 손님들도 대형쇼핑센터에 빼앗겼다. 시는 채권 일부를 사들여서 지원했지만 아우가의 경영위기는 더욱 심해졌다. 결국 압축도시 정책을 추진한 아오모리시 시장은 선거에서 떨어졌다. 현재 중심시가지에는 빈 점포가 늘어가는 추세이다.

도야마시의 압축도시 정책도 아직 성공여부를 가늠하기는 힘들다. 일단 긍정적인 효과는 보인다. 2014년에도 10년 전 인구인 42만 명을 유지하고 있으니 말이다. 다른 지방도시들의 경우를 감안한다면 대단히 선방한 것이다. 젊은 층의 인구유입도 증가했다고 한다. 2007년과 2012년 사이 초등학교 재학생 수가 10% 이상 늘었다.[10] 하지만 어두운 측면도 있다. 이 정책을 추진한 이후 도야마시의 재정은 더욱 악화되었다. 지방채 규모는 전국 45개의 중핵시 중 4번째로 좋지 않고, 시민 1인당 빚은 약 58만 엔(한화 580만 원)

으로 증가했다. 중심시가지의 보행자 수도 정체된 상태다. 특히 상업기능이 중심부로 다시 돌아오지 않고 있다.

효과를 검증하기에 너무 짧은 시간일까? 일본의 압축도시 정책의 효과는 당분간 더 지켜보아야 할 것으로 보인다.

'스마트 축소' 전략을 택해야 한다!

압축도시 전략과 유사한 맥락을 가진 '적정규모right-sizing 전략'이란 게 있다. 미국 학자들이 주로 언급하고 있는 적정규모 전략은 토지이용이 더 집약적인 곳으로 사람들을 이주시키고, 밀도가 낮은 지역을 개발되지 않은 자연상태로 돌리는 방식이다. 사람들이 많이 모여 있는 곳에 공공서비스의 질을 높여 인구를 더 끌어 모으는 정책을 펴면서 동시에 사람들이 떠나 빈집이 생기면 그 집을 허물고 자연으로 되돌린다.

실제로 미국의 디트로이트시는 '디트로이트 워크 프로젝트De-troit Works Project'를 통해 이러한 적정규모 정책을 실시했다. 1950년대 인구 200만 명에 가까웠던 인구가 산업경쟁력의 상실로 현재는 70만 명 정도로까지 줄어들었다. 현재 집 10채 중 1채 정도가 빈집이다. 이 프로젝트는 인구가 밀집한 9개의 지역으로 주민들을 모으려는 정책을 포함하고 있다. 물론 인구를 강제로 이주시키진 않았다. 하지만 9곳의 인구집중지역 이외에는 공공서비스를 더 이상 제공하지 않음으로써 인구 재배치를 유도하는 간접적 방식을 썼다. 이에 대한 반발도 만만치는 않다. 현실적으로 이주하기 정말로 어려운 사람들이 있기 때문이다. 디트로이트의 간접적 이주정책은 쇠퇴하는 동네의 가난한 사람들, 가난하기에 이주가 어려운 사람들을 더욱 어려운 처지로 몰아넣고 있다는 비판도 받는다.

우리의 지방 중소도시도 비슷한 일을 겪게 될 것이다. 지방에는 많은 수의 과소화마을(20가구 미만)이 있다.[11] 가장 많은 곳은 전북으로 515곳이 과소화마을이다. 과소화마을의 주민들은 대부분 연로한 어르신들이다. 공공서비스를 제공하기 힘들다는 이유로 이분들에게 고향을 떠나달라고 하기는 힘들다. 하지만 해결책이 없는 것은 아니다. 과소화마을에는 추가 인프라 투자가 답이 아니다. 그보다는 인구를 먼저 한 곳으로 모아야 한다. 그리고 난 후 딜리버리(배달) 서비스를 확대하는 것이 필요하다. 영화관이나 도서관 같은 경우에는 찾아가는 서비스를 강화하고, 수요에 따른 콜버스(수요응답형 교통) 운영도 검토해야 한다. 의료시설의 부족은 원격진료로 보완해야 한다. 주변 거점도시가 이를 공급하는 곳이 될 수 있다.

우리보다 먼저 고령화를 겪은 일본의 사례를 참고해볼 필요가 있다. 고독사는 고령자 비율이 높은 도시에서 인구가 흩어져 있을 때 많이 일어난다. 분산돼 있으면 주민들 간에 교류할 기회, 서로에 대한 관심도 줄어들기 때문이다. 그래서 지역 중심에다 노인들을 위한 만남의 장소를 만들었다. 주민들이 잘 살고 있는지, 혹은 건강한지 등을 주기적으로 체크하는 시스템도 구축했다. 또한 찾아가는 노인복지 서비스를 시행하고 있다. 트럭에 상품을 실어 정해진 시간에 마을을 도는 이동식 슈퍼마켓은 이런 노력의 일부이다. 수지타산이 맞지 않는다는 이유로 작은 동네의 편의점들이 하나둘 사라지면서, 주민들은 일용품과 식료품 구매에 어려움을 겪었다. 특히 거동이 불편한 노인이 가장 큰 피해를 입었다. 이를 위해 주민들이 자발적으로 이동식 슈퍼마켓을 만들었고, 이제는 대기업들도 이동식 슈퍼마켓을 가동하고 있다. 일본에서는 의료 서비스도 찾아가는 서비스로 바뀌고 있다. 거동이 불편한 환자들을 위해 방문요양 서비스가 점차로 확대되고 있다. 이렇게 찾아가는 서비스는 슈퍼와 의료뿐만 아니라 도서관·문화공연·영화관람·강좌·행정·투표 등의 모든 영역에 적용될 수 있다. 그렇지만 이 모든 서비스들이 잘 돌아가기 위해서는 한 가지 조건이 있다. 인구가 모여 있어야 한다는 것이다.

이와 같은 노력들이 바로 쇠퇴도시에 적용할 수 있는 '스마트 축소smart decline' 전략이다. 미국과 유럽의 쇠퇴도시에서 활발하게 논의되고 있는 스마트 축소 전략은 그 이름부터 예사롭지 않다. '축소'를 어떻게 '똑똑하게' 할 수 있단 말일까?

스마트한 축소는 인구감소로 작아진 도시의 사이즈에 맞추어 인프라를 개편한다는 의미다. 이를 위해서는 먼저 '인구가 줄어 작아진 도시'임을 인정해야 한다. 심지어는 앞으로도 '인구가 계속 줄어들 수 있다'는 걸 받아들여야 한다. 현실을 직시하고 이에 맞는 계획을 세움으로써 인구의 급속한 감소를 막아보고자 하는 게 스마트 축소의 핵심적 내용이다.

그럼 스마트 축소를 위해 어떤 정책을 펼 수 있을까?

첫째, 빈집을 부수거나 다른 용도로 전환한다. 스마트한 축소를 위해 가장 신경을 써야 하는 건 지역의 황폐화를 가속시키는 빈

집의 처리다. 최근 인천시 남구 주안동의 한 다세대 건물에서 발생한 일은 빈집의 폐해를 고스란히 보여준다. 이 건물 옥상에 3.5톤가량의 쓰레기가 무단으로 투기되었다. 발 디딜 틈조차 없이 쌓인 썩은 쓰레기더미로 인해 악취가 진동했고 곳곳에 바퀴벌레도 들끓었다. 인천시 남구청에서는 전염병을 우려해 방역작업까지 벌였다. 쓰레기 속 영수증을 단서로 무단투기한 사람들을 잡았는데, 알고 보니 건물 옆 고층 오피스텔의 거주자였다. 쓰레기를 그냥 창문 밖으로 던져 다세대 건물 옥상 위에 버린 것이다.[12]

언론에서는 '사라진 시민의식'을 질타하는 내용의 보도가 봇물처럼 터져나왔다. 하지만 언론이 놓치고 있는 게 있었다. 그건 바로 이런 시민의식, 다른 말로 '공동체 의식'의 상실이 '빈집'에서 비롯되었다는 점이다. 이 다세대 주택에는 오랜 기간 아무도 살지 않았다. 건물주가 매물로 내놓았지만 팔리지 않아 3년 동안이나 방치되어 있었다. 그렇기에 이웃들은 방치된 곳이니 마구 망가뜨려도 된다고 생각한 것이다. 빈집은 이처럼 주민들의 시민의식을 약화시키고, 주변 지역을 빠르게 슬럼화한다.

2015년 주택총조사에 따르면, 우리나라 전역에 빈집이 약 107만 호나 있다고 한다. 전체 주택의 6.5% 정도를 차지한다.[13] 물론 이 조사는 신축되어 아직 사람이 입주하지 않은 곳도 포함하고 있다. 또한 이사로 인해 일시적으로 집이 빈 경우도 잡힌다. 그래서 107만 호 전체가 다 이 책에서 말하는 빈집은 아니지만, 이 중 상당수는 장기간 방치되고 있다. 특히 인구가 급감하고 있는 지방의 경우는 그 비율이 훨씬 높다. 수도권의 빈집 중 1년 이상 비어 있는 곳이 17.4%(약 4만 7000호 정도)를 차지한다. 하지만 강원·충청·전남·전북·경남·경북의 경우는 36.6%(약 21만 6000호 정도)로 수도권에 비해 장기간 비어 있는 집의 비율이 압도적으로 높다.[14] 이런 빈집의 대다수는 30년이 넘은 노후 주택들이다. 상황의 심각성을 반영하듯 2017년 2월에는 '빈집 및 소규모주택 정비에 관한 특례법'(약칭 '소규모주택정비법')이 제정되었다. 이제 이 법을 통해 빈집에 대한 실태조사뿐만 아니라 체계적인 계획도 수립할 수 있게 되었다.

더불어 빈집 활용에 대한 아이디어들도 많이 쏟아져나오고 있다. '집을 공유하자!'는 아이디어가 대표적이다. 셰어하우스는 입주자들이 각자의 방에 거주하면서 거실이나 부엌 등을 함께 사용하는 형식의 임대주택이다. 시설들을 공유하니 저렴한 임대가 가능하다. 서울의 경우 재개발·재건축·뉴타운지역에 빈집이 많아 이를 1인가구의 임대에 활용하는 사업이 활발히 진행되고 있다. 서울시는 빈집 리모델링 비용의 반 정도(최대 2000만 원)를 지원하고, 수리된 집을 시세의 80% 수준으로 최소 6년간 임대하도록 하는 사업을 벌이고 있다. 부산시도 마찬가지다. 2012년부터 빈집당 1800만 원 내에서 리모델링 비용을 지원해주는 대신 학생과 저소득층에게 시세의 반값으로 빈집을 빌려주도록 하는 사업을 벌이고 있다. 지자체의 입장에서는 임대주택을 새로 짓는 것보다 빈집을 활용하는 것이 훨씬 부담이 적다. 빈집이 임대주택 부족 문제를 해결하는 좋은 수단인 것이다.[15]

하지만 이러한 아이디어는 대도시에만 적용될 수 있다. 노인·청년·신혼부부 등의 주택 수요가 많은 곳에서나 가능하다. 인구가 줄어드는 지방 중소도시에는 애초에 수요가 없다. 따라서 가장 좋은 방법은 낡은 빈집을 깔끔하게(?) 부수는 것이다. 집을 부수어 깨끗한 공터로 만들든지, 아니면 잔디나 나무를 심어 공원 상태로 바꾸는 것이다. 아니면 빈집들을 대거 사들여 공공이 새롭게 다른 용도(도시공원 혹은 공공청사 등)로 개발하는 것이다. 여러 가지 대안들이 있긴 하지만 그중 가장 강력한 건 '공원 만들기'나 '자연으로 되돌리기'이다. 자꾸 새로운 용도를 고안하기보다 아무 건축물도 없는 '무無'의 상태로 되돌리는 것이다. 더 이상 이용할 사람이 없으니 역할을 다한 건물도 없어지는 게 맞지 않겠는가.

둘째, 새로운 주택의 개발을 제한한다. 빈집이 발생하고 있다는 건 기본적으로 공급된 주택이 수요에 비해 많다는 이야기다. 이를 무시하고 어딘가에 집을 또 짓는다면, 이는 또 다른 빈집을 양산하는 결과를 낳게 된다. 혹자는 축소되는 도시이니 자연스럽게 주택개발이 줄어들지 않겠냐고 반문할 수 있다. 하지만 꼭 그렇지만은 않다. 쾌적하고 저렴한 주택단지에 대한 수요는 늘 존재하기 때문이다. 건설업자들은 땅값이 싼 도시 외곽을 개발해 대규모로 주택을 공급해왔다. 이것이 인구가 줄어드는 지역에서조차 외곽개발이 지속적으로 이루어지는 이유다. 외곽의 싼 땅을 택지로 전환하는 건 원도심을 비게 만들고, 쇠퇴로 인한 치유비용을 증가하게 한다.

이제는 이러한 택지개발을 강력히 억제함과 동시에, 인구밀도가 낮은 지역의 주민들을 인프라가 밀집된 지역으로 재배치하는 노력도 필요하다. 물론 인구이동 정책은 많은 갈등을 불러올 수 있으므로 보다 간접적인 방법들을 쓰는 것이 좋다. 예를 들어, 인구밀도가 낮은 지역의 공공서비스 투자를 서서히 줄이는 것이다. 하지만 공공서비스를 줄이는 데도 한계가 있다. 여전히 사람들이 살고 있는 지역이고, 똑같은 국민이기에 필수적인 공공서비스는 받아야 한다. 그러니 인구의 재배치를 유도하는 가장 좋은 방법은 이주 권장지역에서 '주택을 지으려는 사람'과 '살고자 하는 사람'에게 인센티브를 제공하는 것이다.

이와 관련하여 일본 도야마시의 이주정책이 좋은 선례를 보여주고 있다. 도야마시에서는 2002년부터 건설사업자와 주민들을 대상으로 이주 인센티브 정책을 펴고 있다. 일단 공공시설들을 중심시가지 지구 안으로 모았다. 그리고 그 주변에 주민들의 거주를 유도할 '거주촉진지구'를 설정하여 주택의 공급과 주민들의 이주를 독려했다.[16] 우선 건설사업자에게는 공동주택 건설비(호당 1000만 원), 우량 임대주택 건설비(호당 500만 원), 상업빌딩을 공동주택으로 개조하는 비용(호당 1000만 원), 공동주택에 설치하는 점포·

의료·복지시설 등의 비용(m^2당 20만 원), 디스포저 배수처리시스템 비용(호당 50만 원)뿐만 아니라 리모델링 비용(호당 300만 원)을 보조하여 주택의 공급뿐만 아니라 주거의 질도 높이려 노력했다. 또한 이주를 독려하기 위해 단독주택이나 공동주택 구입시 호당 500만 원의 대출금을 지원했고, 도심지구로 이사할 경우 3년간 매달 10만 원의 임대료도 보조했다. 이러한 정책으로 인해 도야마시에서는 2014년까지 2363개의 주택이 거주촉진지구로 옮겨왔다.[17]

셋째, 지역특색에 맞는 일자리를 만든다. 쇠퇴도시의 주민들이 흔히 생각하는 재생의 방향은 '젊은 층을 유입시키기 위한 기업과 공장의 유치'이다. 하지만 아무런 연고도 없는 기업과 공장을 쇠퇴하는 지역에 끌어들이는 건 매우 어려운 일이다. 혹여 유치에 성공해도 지역민의 고용효과가 그리 크지 않은 경우가 많다. 그래서 지역의 특색에 맞는 산업생태계를 만드는 게 중요하다.

일본 후쿠이현에는 사바에라는 인구 7만 명 정도의 작은 도시가 있다. 놀랍게도 이 조그만 도시가 세계 3대 안경산지 중 하나로 꼽힌다. 사바에가 공급하는 안경테가 일본 내 99%, 전세계 20%를 점유하고 있다. 사바에시의 안경 산업은 100년도 넘는 긴 역사를 자랑한다. 물론 어려움이 없었던 건 아니다. 1990년대 저가의 중국산 제품이 수입되면서 도시 전체가 휘청거린 적도 있었다. 당시 많은 중소기업들이 도산하고 실업자도 급증했다. 하지만 사바에시는 다른 산업으로 눈을 돌리지 않았다. 가격을 낮추는 전략이 아니라, 더 좋은 품질의 안경테를 만들기 위해 노력했다. 안경테 제작에 사용된 티타늄 가공 기술을 의료 분야와 항공 분야, 광센서 분야에도 적용했다. 안경 기술을 또 다른 고부가가치 제품을 만드는 데 응용한 것이다.

사바에시의 성공은 작은 중소업체들이 향토애를 기반으로 서로 경쟁과 협력을 하면서 성장해왔기에 가능했다. 『이토록 멋진 마을』의 저자 후지요시 마사하루는 사바에시의 성공모델이 이탈리아 볼로냐의 산업생태계 모델과 유사하다고 말한다. 볼로냐는 협동조합과 중소기업 간 네트워크로 유명한 도시다. 1인당 GDP가 4만 달러에 달해 이탈리아의 도시 중 가장 소득이 높은 곳으로 꼽힌다. 이도시가 성공한 비결은 지역의 대학과 연구소, 그리고 기업들이 서로 정보를 교환하면서 혁신을 이룬 데 있다. 그리고 이러한 혁신이 가능할 수 있었던 바탕에는 '향토애'와 이를 기반으로 한 '비밀주의'가 있다. 비밀을 유지할 수 있는 신뢰관계가 혁신의 밑바탕이 된 것이다. 사바에시의 마키노 햐쿠오 시장도 자신이 이끌고 있는 도시를 '비밀도시'라는 한 단어로 표현한 바 있다.

사바에시와 볼로냐시가 보여준 것은 바로 '자립형 산업집적' 모델이다. 이 모델은 대기업과 공장을 끌어들여 성장하려는 '의존형 산업집적' 모델과는 정반대 개념이다. 이들은 지역문제는 지역 스스로가 해결해야 하며, 국가 정책이 지방에서 효과를 내긴 힘들다는 걸 잘 알고 있다. 지역의 독특한 문화와 가치관·규범 속에서 산업·학계·연구소의 긴밀한 연계가 이루어질 때 '지역혁신'의 역량이 강화될 수 있다는 것이다.

쇠퇴를 인정하기 싫은 우리 중소도시들

스마트 축소의 대표적인 사례로 거론되는 도시가 미국 오하이오 주의 영스타운Youngstown이다. 영스타운은 철강으로 이름을 날리던 도시였지만, 1977년 9월 19일에 날벼락 같은 소식과 함께 쇠락하기 시작한다. 대규모로 주민을 고용하고 있던 영스타운시트엔튜브Youngstown Sheet and Tube라는 회사가 5000명을 한꺼번에 해고하겠다고 발표했기 때문이다. 주민들은 이 충격적인 날을 '검은 월요일black Monday'이라고 부르고 있다. 이후 추가적인 공장폐쇄와 감축경영을 통해 더 많은 일자리가 날아갔다. 영스타운의 경제는 빠르게 황폐화되었다. 영스타운에서 4만 개의 철강업 일자리와 400개의 하청 회사들이 사라졌다.[18]

영스타운의 종교지도자, 철강업종사자, 사회운동가, 주민들은 철강산업의 부활을 위해 머리를 맞댔다. 다른 철강업체를 끌어들이려고도 했고, 지역 소유의 철강회사를 만들려고도 했다. 하지만 이 모든 노력은 지역의 내적 성장을 위한 장기적 계획에 기반한 것이 아니라 철강산업의 침체로 고전하는 기업과 투자자들을 위한 것이었다.[19] 1977년부터 2000년대 초반까지 25년이라는 긴 시간 동안 영스타운의 지도자들은 "미국의 철강업은 부활할 것이다" "시장은 부활할 것이다" "다른 사업도 찾아보겠다"며 주민들을 안심시키려 했다.[20] 하지만 영스타운의 노력은 모두 실패로 돌아갔다. 그러는 동안 주민들은 일자리를 찾아 다른 지역으로 빠져나갔다. 한때 인구 17만 명 정도였던 도시가 6만5000명 정도의 소도시로 쪼그라들었다.

어떠한 노력도 통하지 않는다는 것이 분명해지면서 영스타운 주민들은 '철강도시의 부활'이라는 꿈을 접었다. 그리곤 2005년엔 '영스타운 2010'이라는 도시의 새 미래 비전을 만들었다. 낡고 빈 건물을 부숴 공원과 녹지로 만든다는 내용을 골자로 하고 있는 이 미래 비전은 '영스타운 푸르게 가꾸기The Greening of Youngstown'로 불리기도 한다. 영스타운 2010이 지향하는 네 가지 큰 비전은 이렇다.

"영스타운이 옛날보다 조그만 도시라는 점을 인정하자!"

"새로운 지역경제의 역할이 어떠할지에 대해 정하자!"

"영스타운의 이미지와 삶의 질을 높이자!"

"행동하자!"

실로 파격적이다. 미국에서도 인구의 급속한 쇠퇴를 경험하는 곳이 많다. 그렇지만 이런 상황에서도 대부분의 도시들은 '재도약 (혹은 재활성화)' '부활' '성장' '중심'이라는 키워드를 미래 비전에 포함한다. 하지만 영스타운은 달랐다. 영예로웠던 과거를 잊고 지금의 현실을 인정하는 걸 첫번째 비전으로 내세웠으니 말이다. 이 곳저곳에 버림받은 땅이 널려 있고, 빈집이 증가하는 도시의 상황. 영스타운은 새 비전을 소개하는 홈페이지에서 자기들 현실을 사이즈 40인 사람이 사이즈 60인 옷을 입은 꼴이라고 비유했다.

앞서 1부에서 소개한 파산도시인 유바리시도 마찬가지다. "탄광에서 관광으로!"를 외치며 각종 개발사업을 벌였던 유바리시는 2006년 파산을 맞았고, 한때 10만 명을 넘었던 인구가 지금은 9000명에 불과하다. 하지만 2011년 스즈키라는 젊은 시장이 당선

된 이후, 유바리시에도 한 줄기 희망이 보이기 시작했다. 당시 30세에 불과했던 이 젊은 시장은 도시의 축소를 인정하는 새로운 전략을 택했다. 스즈키 시장은 한 언론과의 인터뷰에서 다음과 같이 말했다.

"20년 후 유바리시 인구가 절반으로 줄 것을 전제로 한 전국 최초의 플랜이었다. 인구를 늘리기 위한 대책도 중요하지만 인구감소에 대비한 마을 만들기를 준비하는 것이 더 중요하다고 생각했다. 인구감소가 이미 진행되고 있는데 왜 지금까지 어느 지역에서도 이런 플랜을 만들지 못했을까. 아마도 선거에서 표 떨어질 걱정 때문이었을 것이다. 유바리시도 인구가 늘지 않는데도 불구하고 인구증가를 전제로 시설을 늘리고 제도를 만들어왔다. 나는 인구감소에 대비하지 않는 것은 시장으로 무책임하다고 생각한다."[21]

유바리시는 압축도시 전략을 실시해 사회기반시설의 기능이 특정한 지역에 집중되도록 했다. 서울보다 큰 면적의 유바리시엔 이제 초·중·고등학교가 각각 하나씩만 남아 있다. 사용하지 않는 학교는 농장이나 양로시설, 우체국 등으로 바꾸었다.[22]

시는 또한 주택사업에 집중했다. 공공주택의 건설과 낡은 주택의 리모델링을 동시에 병행했다. 이 사업의 근본 목적은 흩어져 있는 인구를 모으는 것이었다. 새 집을 주고 이주보상비까지 주겠다고 해도 "평생 살던 집에서 죽을 때까지 살겠다" "추억의 장소를 뺏지 말아달라"며 끝끝내 버티는 사람들도 많았다. 하지만 유바리시는 이들에게 다음과 같이 얘기했다. "다음 세대에게 유바리를 남겨줘야 하지 않겠나". 이 말이 주민들의 마음을 움직였다고 한다.[23]

지금까지 300가구 정도가 시내 중심에 있는 공공주택으로 이주했다.

여기서 우리나라 쇠퇴도시들은 어떠한 비전을 가지고 있는지 한번 비교해보자. 200개가 넘는 우리나라 지자체의 비전에 나타난 공통점을 찾는 건 그리 어렵지 않다. 일단 홈페이지를 접속해서 '시정목표' '시정전략' '핵심시책' 등을 살펴보면 된다. 모두가 장밋빛 구호 일색이다. 현실은 침체해가는 도시라도 하나같이 이를 부인하며 성장 중심의 비전을 내걸고 있다.

쇠퇴도시로 꼽히는 문경의 예를 보자. 문경의 도시기본계획에 나오는 계획목표는 '첨단산업과 신산업의 활력도시' '자연과 역사문화의 관광도시' '자연환경이 청정한 환경도시' '쾌적하고 편안한 생활도시'의 4가지이다. 문경시 홈페이지에 소개된 5대 핵심과제는 '농가소득 2배 늘리기 프로젝트' '일자리가 많은 활기찬 도시' '점촌 도심지 재창조 사업' '전국 최고의 관광 스포츠 도시' '아이 키우기 좋은 명품 교육도시'의 5가지이다. 장밋빛 문경이다. 또 다른 쇠퇴지역인 김제시를 보자. 시청 홈페이지에 들어가면 미래 김제 비전을 볼 수 있다.[24] 먼저 김제시의 현재에 대해서는 '10만 도농복합도시' '전통 수도작 중심도시' '특화산업 부재도시' '부존자원 하위도시' '5000억 원 재정규모' 등 비교적 객관적으로 인식하고 있다. 문제는 미래 비전이다. 2020년 정도에 '20만 광역 경제도시(새만금 배후도시)' '첨단과학영농도시(원예화훼단지, 농업연구단지)' '글로벌 첨단산업도시' '동북아 교통물류 중심도시(국제업무용지)' '재정규모 1조 원'으로 탈바꿈한다고 되어 있다. 그렇지만 현실은 어떠한가? 20년 전의 김제 인구는 13만 명에 육박했다. 하지만 2016년에는 9만 명 아래로 떨어졌다. 김제시가 상상하는 2020년의 비전과는 너무도 동떨어져 있다. 보령시의 경우도 장기발전계획의 비전에 '글로벌 보령'이 첫번째로 나와 있다. 그리고 '서해안의 경제중심지'로 발전하겠다는 야심찬 목표도 함께한다. 핵심 프로젝트로 보령신항을 환環황해권 시대의 중심항만으로 키우겠다고도 선언했다. 하지만 1995년에 인구 12만 명을 넘던 보령시는 20년이 지난 현재 인구 10만 명을 간신히 지켜내고 있다. 다른 지방 중소도시들은 더 말할 것도 없다. '장대한 비전'과 '초라한 현실'의 부조화만 보일 뿐이다.

모든 지자체들이 꾸는 꿈은 '인구가 늘어나는 도시'이다. 지자체들의 인구계획은 '도시기본계획'이라는 법정계획(법으로 세우도록 규정된 계획)을 통해 이루어진다. 도시기본계획은 해당 지자체의 공간구조 및 장기적 발전방향을 제시하는 종합계획이다. 대략 20년 후를 바라보는 마스터플랜이라 칭할 수도 있겠다. 어떤 도시의 장기 발전방향을 알고 싶다면, 인터넷에서 '△△시 도시기본계획'을 검색해보면 된다. 아마 목표년도를 2030년 혹은 2035년으로 잡은 도시기본계획을 찾을 수 있을 것이다. 도시기본계획을 작성할 때 지자체들이 가장 신경 쓰는 부분이 바로 '인구'에 관한 내용이다. 그런데 거의 모든 지자체들이 자기 지역의 인구가 큰 폭으로 증가할 것이라 예상한다. 복잡한 통계모형을 이용한 인구추정을 통해 말이다. 진천군의 경우, 최근에 '2030 진천군 기본계획'을 세웠다. 여기서 계획 인구를 15만 명으로 잡았다.[25] 2017년 현재 진천

이상 vs 현실

글로벌 첨단과학
청정 먹사문화
명품 물류중심 스포츠
신산업 경제중심도시

인구소멸
중소도시

인구는 7만 명을 조금 넘는다. 그러니까 앞으로 약 13년 후엔 현재 인구의 2배를 넘기겠다는 거다. 현재 인구 6만 명도 되지 않는 영암군도 2020년도의 목표인구는 21만 명이다.[26]

이렇게 여러 지자체들이 '뻥튀기'한 인구를 모으면 기이한 결과가 나온다. 2010년 권선택 의원의 국감자료를 보자. 2009년 350만 명 인구의 부산시가 2020년 410만 명이 될 거라 계획했다.(2017년 현재도 부산시 인구는 350만이다.) 당시 250만 명이었던 대구시도 275만 명으로 계획했고, 270만 명이었던 인천시도 310만 명으로 계획했다. 광주, 대전, 울산도 각각 2009년에 비해 36만, 42만, 33

만 명의 인구가 증가하는 것으로 계획했다. 2009년 인구가 1200만 명인 경기도의 2020년 계획인구는 1600만 명이다.(2017년 현재 경기도 인구는 1250만 명 정도이다.) 다른 시·도 역시 다 인구가 증가할 것이라고 예상했다. 강원도(100만 명 증가), 충청북도(40만 명 증가), 충청남도(140만 명 증가), 전라북도(75만 명 증가), 전라남도(80만 명 증가), 경상북도(120만 명 증가), 경상남도(120만 명 증가), 제주도(80만 명 증가) 등이 뻥튀기된 인구로 계획을 잡아두고 있다. 인구가 줄 것이라 예상한 지자체는 서울시(10만 명 감소)가 유일하다. 전국 지자체들이 뻥튀기한 인구를 모두 합치면 1300만 명 정도다. 현재 우리나라 인구가 5100만 명 정도인데, 이런 계획대로라면 10년 내외에 실제 인구의 26%가 증가해야 된다. 각 시도의 계획인구들을 합하면 이렇게 말도 안 되는 결과가 나온다.

예상했겠지만, 인구가 급속히 줄어드는 지역에서 계획인구와 실제 인구의 괴리는 더욱 심각한 수준이다. 국토연구원이 선정한 20곳의 축소도시들도 인구가 줄어드는 현실을 무시하고서 계획 인구를 높게 설정하고 있다. 특히 동해·태백·공주·정읍·김제·영천·밀양 등 7곳의 축소도시는 2015년의 인구가 도시기본계획에서 설정한 계획 인구의 60%에도 미치지 못하고 있다.[27]

인구든 뭐든 계획이야 희망차고 밝게 잡는 게 좋다고 생각할 수도 있겠다. 하지만 인구계획을 부풀려 하게 되면 정말로 심각한 문제가 벌어진다. 기본계획에서 설정한 목표인구에 따라 환경·주택·교통·공원·녹지 등을 어느 정도 공급할지가 달라지기 때문이다. 쉽게 말해, 장래에 인구가 증가한다고 가정하면 할수록 주택규

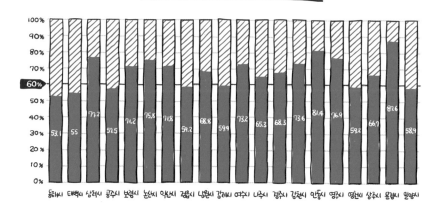

도표 17 축소도시 계획인구와 실제인구의 괴리

■ 실제인구(%)   ▨ 미달인구(%)

모·교통량·공원면적 등도 함께 커지는 걸로 계획해야 한다. 실제로 상위 기관에서는 인구계획에 맞추어 개발사업을 허가한다. 그러니 장래 인구가 커질수록 지역개발사업의 인가나 허가도 그만큼 쉬워지게 된다. 이러니 지자체들은 지역개발사업 규모는 계획인구를 어떻게 잡느냐에 따라 달라진다고 생각한다.[28]

계획인구를 높게 잡아야 개발사업이 늘어난다! 개발사업이 늘어나야 인구가 유입된다! 인구가 유입되어야 개발사업이 또 늘어난다! 100번 맞는 말이다. 지자체도 '인구가 가지는 힘'에 대해 정확히 이해하고 있는 셈이다.

하지만 지방 중소도시의 현실은 이와 전혀 다르게 진행되고 있다. 계획인구를 높게 잡아 개발사업은 늘었다. 대규모 공공주택단지가 도시 외곽에 들어서고, 이런 신규 개발단지를 잇는 도로도 건설된다. 하지만 인구는 증가하지 않았다. 전체 인구는 늘지 않으니 원도심의 인구가 신규 개발단지로 유출될 수밖에 없다. 이런 상황에서 중앙정부는 쇠퇴한 지방정부의 원도심을 살리겠다고 나서고 있다. 천문학적 액수의 비용을 들이면 원도심이 되살아날 수도 있다. 하지만 앞서 강조한 것처럼, 인구가 증가하지 않는 이상 지방 중소도시에서 원도심을 되살리게 되면 신도심이 죽게 된다. 그러면 다시 신도심을 살리겠다고 나설 것인가?

어디부터 잘못되었을까? 문제의 시작은 현실에 맞지 않는 '장밋빛 계획'이다. 현실을 제대로 파악하지 못한, 아니 암담한 현실을 알긴 하지만 이를 애써 외면한 지자체의 잘못이다. 그리고 이런 장밋빛 인구계획을 눈감아주고 개발사업을 허가한 도시계획 시스템의 문제다. 전국에서 26%의 인구가 뻥튀기되었다는 사실은, 전국적으로 26%의 과잉개발이 발생할 수 있음을 의미한다. 지자체의 인구 부풀리기를 계속 인정해준다면 앞으로도 낭비적 개발은 계속될 수밖에 없다. 더군다나 인구가 줄어드는 상황에서의 과잉개발은 더더욱 큰 문제다.

다시 영스타운으로 돌아가보자. 영스타운은 '모든 지역에 골고루 공공서비스를 제공하면 시가 파산할 수 있다!'는 위기의식을 주민 모두에게 인식시켰다. 그래서 새로운 공공투자나 민간투자 모두 이미 인프라가 깔려 있는 곳에 이루어져야 하며, 미개발지에 새롭게 인프라를 설치하지 말아야 한다는 원칙을 고수하려 한다. 또한 '철강업의 시대는 이미 갔다!'고 선언했다. 그리고 작아진 영스타운의 현실을 인정하고 아담한(?) 스케일에 맞는 보다 다양한 산업을 받아들임으로써 경제를 유지해야 한다고 결정했다. 영스타운이 추구하는 작지만 다양한 산업들은 축소돼버린 도시를 버티게 하는 현명한 선택이 될 수 있다. 영스타운은 이러한 경제를 유지함으로써 주민들의 삶의 질을 높일 수 있다고 판단한 것이다.

6만5000명 정도의 작은 도시인 영스타운은 '양적 성장'이 아닌 '질적 성장'으로 눈을 돌렸다. 공무원이나 지역주민 모두 작은 마을에서도 높은 삶의 질을 누리며 알콩달콩 행복할 수 있다고 강조한다. 쇠락해가는 우리나라 지방 중소도시들은 영스타운에서 무엇을 배워야 할지 숙고해야 한다.

지방도시, 어떻게 변해야 할까?

2017년 현재 우리나라에는 광역자치단체가 17개(특별시 1, 광역시 6, 특별자치시 1, 도 8, 특별자치도 1), 기초자치단체는 전국에 226개(자치시 75, 자치군 82, 자치구 69)가 있다. 이 중 비수도권의 기초자치단체 수는 170개이다. 여기서 비수도권 광역시(대전시, 대구시, 광주시, 부산시, 울산시) 내 기초자치단체 49곳을 빼면 121개가 남는다. 이 121곳의 지자체가 이 책에서 관심을 기울이는 지역들이다. 보다 구체적으로 강원 18개, 충북 11개, 충남 15개, 전북 14개, 전남 22개, 경북 23개, 경남 18개의 지자체가 포함된다. 이 지자체들을 인구순으로 배열하면 [도표 18]과 같다.[*]

● 인구수에 따라 121개의 비수도권 도시(광역시 제외)들을 나열하면 다음과 같다. 밑줄을 그은 시급 도시들은 국토연구원(2016)이 꼽은 축소도시들이다.

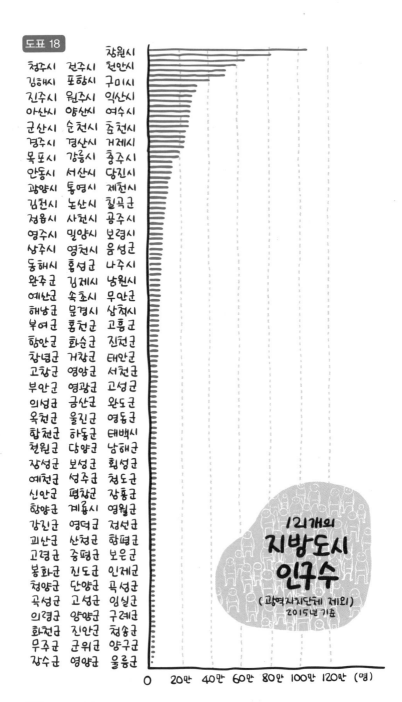

스마트 축소 전략이 어느 도시에 적용되어야 한다고 콕 집어 말하기 어렵다. 현재 인구가 많지 않더라도 여전히 성장 전략이 유효할 수 있는 도시들도 있기 때문이다. 그럼에도 불구하고 한 가지 명확해 보이는 건 인구가 작을수록 도시가 소멸될 가능성은 높다는 점이다. 인구 10만 명 이하의 지역은 과거 20~30년간 꾸준한 인구 쇠퇴를 경험한 지역이 대부분이다. 이들 지역은 앞으로도 지속될 인구감소에 대비해 도시의 공간구조를 재편해야 한다. 10~15만 명의 도시들도 축소 전략을 택하는 게 바람직하다. 실제로 국토연구원의 연구보고서 「저성장 시대의 축소도시 실태와 정책방안」(2016)에서도 인구 10~15만 명 범주에 속한 13개의 도시 중 9개(김천·논산·정읍·공주·영주·밀양·보령·상주·영천)를 축소도시에 포함시켰다. 이 인구대의 도시들 대부분도 축소를 경험하고 있다는 얘기다.

100만 이상 도시: 창원

50만~100만 도시: 청주, 전주, 천안, 김해, 포항

40만~50만 도시: 구미

30만~40만 도시: 진주, 원주, 익산

20만~30만 도시: 아산, 양산, 여수, 군산, 순천, 춘천, 경주, 경산, 거제, 목포, 강릉, 충주

15만~20만 도시: 안동, 서산, 당진, 광양

10만~15만 도시: 통영, 제천, 김천, 논산, 칠곡, 정읍, 사천, 공주, 영주, 밀양, 보령, 상주, 영천

5만~10만 도시: 음성, 동해, 홍성, 나주, 완주, 김제, 남원, 예산, 속초, 무안, 해남, 문경, 삼척, 부여, 홍천, 고흥, 함안, 화순, 진천, 창녕, 거창, 태안, 고창, 영암, 서천, 부안, 영광, 고성, 의성, 금산, 완도, 옥천, 울진, 영동, 합천

5만 이하 도시(계룡시와 태백시를 제외하면 모두 군 지역임): 하동, 태백, 철원, 담양, 남해, 장성, 보성, 횡성, 예천, 성주, 청도, 신안, 평창, 장흥, 함양, 계룡, 영월, 강진, 영덕, 정선, 괴산, 산청, 함평, 고령, 증평, 보은, 봉화, 진도, 인제, 청양, 단양, 곡성, 순창, 고성, 임실, 의령, 양양, 구례, 화천, 진안, 청송, 무주, 군위, 양구, 장수, 옹진, 영양, 울릉.

앞으로도 우리나라 작은 시나 군의 대다수가 인구의 감소를 겪을 것이다. 이들 도시엔 주력 산업과 성장 동력이 없는 경우가 대부분이다. 지방의 중소도시들은 쇠퇴하는 현실에 맞는 전략을 써야만 생존할 수 있다. 그것도 스마트하게! 물론 모든 중도도시들이 스마트 축소 전략을 써야 하는 건 아니다. 인구가 불어나는 도시라면 당연히 축소 전략을 고민할 필요는 없다. 하지만 불행히도 우리나라 10만 명 이하의 도시들 중에 그런 곳은 한 군데도 없다.

이 책의 곳곳에 소개되었던 쇠퇴도시들을 위한 스마트 축소 전략을 요약해 다시 한 번 강조하고자 한다.

첫째, 현실을 직시하고 축소를 인정하자!

스마트 축소라는 단어를 처음으로 사용한 프랑크 포퍼Frank Popper 교수의 말을 들어보다.

"과거에 비해, 도시 쇠퇴는 일어날 만한 현상으로 여겨지고 있습니다. 하지만 기존의 도시계획은 여전히 '성장'에 초점이 맞추어져 있습니다. 종상향(녹지지역을 상업지역으로 개발하는 것처럼 지역을 더욱 개발 밀도가 높은 용도로 바꾸는 것)을 예로 들어봅시다. 종상향은 매우 쉽습니다. 하지만 반대로 종하향은 아주 특별한 일이 일어나지 않는 한 거의 일어나지 않습니다. 그리고 종하향 자체가 도시의 쇠퇴 때문에 일어난 경우는 없습니다. 앞서 말씀드렸듯이 문화적·정치적 장벽들이 스마트 축소도시 계획을 막고 있습니다. 다시 말해 타운의 인구가 줄어들고 쇠퇴할 수 있다는 것을 인지하는 것이 계획을 세우는 첫걸음이라 할 수 있습니다. 또한 실질적인 성공 사례를 만들어내는 것도 중요합니다."[29]

저출산·고령화·저성장·기술진보의 메가트렌드는 지방 중소도시들에게 매우 불리하다. 이 묵직한 흐름은 애를 쓴다고 바꿀 수 있는 게 아니다. 이런 대세적 흐름을 거스른다면 예산은 예산대로 낭비하고 쇠퇴도시들도 살릴 수 없다. 그리고 이로 인해 온 나라가 위기에 처할 수도 있다.

이런 주장에 대해 지자체 간에도 승자독식을 인정하는 것이냐고 반문할 수도 있겠다. 그리고 국토균형발전의 취지에도 맞지 않는다고 불쾌해할 수도 있겠다. 하지만 그들에게 도리어 묻고 싶다. '국토의 어느 부분들이 균형을 이뤄야 하는가?'라고 말이다. 우리 국토가 균형을 이루며 상생 발전해야 한다는 말에 백 번 천 번 동의한다. 국토·도시 분야의 헌법격인 '국토기본법' 제3조에서도 "국가와 지방자치단체는 수도권과 비수도권非首都圈, 도시와 농촌·산촌·어촌, 대도시와 중소도시 간의 균형 있는 발전을 이룩하고"라고 명시되어 있다. 이 아름다운 당위적 표현에도 천 번 만 번 공감한다.

하지만 조금만 더 생각해보자. '균형 있는 발전'은 과연 무슨 뜻일까? 일단 균형의 사전적 의미는 "어느 한쪽으로 기울거나 치우치지 아니하고 고른 상태"다.[30] 결국 균형 있는 발전은 '고른 발전'을 의미한다. 이는 사는 지역에 관계없이 문화·경제·의료·주거·교육 등의 기회를 고르게 누릴 수 있어야 함을 뜻하기도 한다.

자, 이제 현실로 들어가보자. 어떻게 지방이 수도권과 균형 있는 발전을 이룰 수 있을 것인가? 일단 균형 잡힌 발전이 어떤 모습일지를 상상해보자. 지방에 살고 있는 주민들도 수도권 주민들이 갖는 여러 기회들을 향유할 수 있다면, 이게 바로 국토의 균형적 발전일 것이다. 수도권은 이런 기회들을 어떻게 확보할 수 있었을까? 그건 바로 '인구와 산업의 집적'이 있었기에 가능했다. 일자리가 모여야 하고, 사람이 집중되어야 더 많은 기회가 생긴다. 지방의 몇몇 대도시들은 여전히 성장할 여지가 있고, 또 그렇게 돼야 한다. 이들이 발전해서 수도권이 갖고 있는 여러 가지 기회들을 제공할 수 있어야 한다. 수도권은 국토의 12% 면적에 경제·문화·교육기능이 집중되어 있는 곳이다. 이런 상황에서 국토 면적의 88%에 해당하는 지방에 인구와 산업을 균등하게 배치해서 수도권과 맞짱을 뜨게 할 수 있을까?

이건 정말로 실현 불가능한 몽상이다. 현실을 냉철하게 봐야 한다. 행정이나 교육 아니면 특정 산업에 특화된 지방 대도시가 수도권과 어깨를 나란히 할 수 있도록 만들어 나가는 게 실현 가능한 길이다. 이게 바로 국토의 균형적 발전이다. 한국의 '모든 지역'이 수도권에 있는 '모든 기능'을 똑같이 가지고 있을 수는 없으며, 그럴 필요도 없다.

지방의 모든 도시들이 수도권만큼 성장을 해야 한다는 강박관념을 버려야 한다. 이루질 수 없는 꿈이고, 바람직하지도 않다. 인구감소 시대를 눈앞에 두고 있는 상황에선 더욱 그러하다. 국토기본법에 명시된 '국토의 균형적 발전'의 취지는 살고 있는 지역으로 인해 차별받지 않고, 지역에 상관없이 행복을 보장받을 수 있게 하

작고 소박하지만 지속가능한 양주도시

자는 것이다. 그런 의미에서 수도권과 지방이 대등한 위치에서 어깨를 나란히 하며 상생 발전해야 한다는 주장은 정당성을 갖는다. 하지만 수도권-지방 균형 논리가 '지방의 모든 도시들이 균등하게 발전해야 한다'는 주장으로 비약될 수는 없다.

특히 지방의 중소도시들은 쪼그라 들어가는 현실을 인정해야 한다. 저성장과 기술진보 시대의 쓰나미는 지방도시에 불리하게 작용해왔고, 앞으로도 그럴 것이기 때문이다. 지방 중소도시들은 이에 대비해야 한다. 라이트급 선수가 헤비급 선수로 뛰어야 한다는 강박증을 버려야 한다. 이를 위해선 큰 용기가 필요하다. 이제 지방 중소도시들은 줄어든 인구가 어떻게 함께 모여서 행복하게 살 수 있을지 진지하게 고민해야 한다. 양적 발전이 아닌 질적 발전을 위한 변화를 모색해야 한다. 그리고 작지만 행복한 도시, 그래서 삶의 질이 높은 도시들의 생존방식을 배워야 한다.

둘째, 흩어지면 죽는다!

지난 수십 년간 지방 중소도시의 공간구조는 빠르게 변화해왔다. 이 변화는 세 가지로 요약될 수 있다. 인구가 더욱 듬성해지고 있고, 외곽개발로 주거지가 팽창하고 있으며, 원래의 도심은 텅텅 비어가고 있다! 이런 공간구조 변화는 지방 중소도시의 1인당 세출액을 빠르게 증가시켜왔다. 앞서 봤듯이 2027년 대도시의 1인당 세출액은 247만 원으로 예상되지만, 축소도시 주민 1인을 위해 사용될 예산은 대도시 3배가 넘고, 군 지역의 경우는 5배에 달할 것으로 추정되고 있다. 흩어진 인구와 산업을 모으지 않는다면, 지방 중소도시들은 극심한 예산난을 겪게 될 것이다. 지금부터라도 지방 중소도시들은 토지의 압축적 이용을 심각하게 고민해야 한다.

그 방법에 대해서는 우리보다 먼저 지방도시의 소멸을 염려한 일본의 예가 도움이 된다. 일본도 고도 성장기에 팽창한 인프라를 재정비해야 할 때가 되었지만, 인구의 감소와 분산으로 인해 재정위기를 겪고 있는 도시들이 많다. 이를 타개하기 위해 일본은 2014년 '도시재생특별조치법'을 개정하여 지자체가 '입지적정화立地適正化계획'을 수립하도록 유도했다.[31] 이 계획은 도시 전반의 공간구조를 어떻게 '압축'할지 그 구체적인 방법을 담고 있다. 주요하게는 주거시설·공공시설·의료시설·상업시설·교통시설 등을 한 곳으로 모으는 방법에 관한 것이다.

이 도시 압축화의 방법은 생각보다 간단한다. 우선 '입지적정화 계획구역'을 잡는다. 이는 압축적 토지이용을 어디다 할지 정하는 것이다. 둘째로, 입지적정화계획구역 내에 이미 개발이 이루어진 곳인 '시가화市街化구역'을 확인한다. 시가화구역은 구역 내 특정지역에 모여 있을 수도 있고, 군데군데 퍼져 있을 수도 있다. 셋째로, 확인된 시가화구역을 중심으로 거주기능을 집적시킬 '거주유도구역'을 잡는다. 이 구역은 인구가 감소하는 경우에도 일정한 인구밀도를 유지할 수 있도록 계획한다. 마지막으로 거주유도구역 내에 대중교통의 결절점을 잡고, 여기에 상업시설·병원·공공시설을 모으는 '도시기능유도구역'을 설정한다. 결국 '입지적정화계획구역⊃시가화구역⊃거주유도구역⊃도시기능유도구역'의 관계 속에서 도시의 기능이 압축적으로 만들어지는 것이다. 이를 그림[32]으로 표현하면 [도표 19]와 같다.

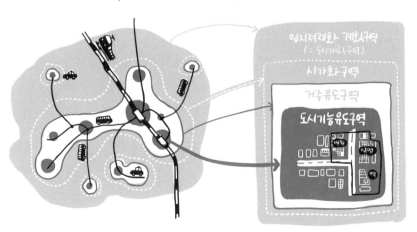

도표 19　도시를 압축하는 입지적정화계획

특히 기능이 압축되는 곳은 거주유도구역과 도시기능유도구역이다. 이 두 구역을 함께 계획함으로써 도보로 다니기 쉬운 마을, 대중교통을 이용하기 편한 마을을 만들 수 있다. 도시기능유도구역은 상업·의료·공공시설이 집적된 생활의 거점이다. 지정 구역 내에 이런 기능들을 모으기 위해 세금·재정·금융상의 지원뿐만 아니라 재건축을 위한 용적률 완화 정책을 추진한다. 현재 일본에서는 2017년 4월말 기준으로 106개의 지자체가 입지적정화계획을 작성했으며, 앞으로 더 많은 지자체가 계획을 세울 것으로 예상되고 있다.[33]

우리도 앞으로는 대도시와 중소도시 구분 없이 이러한 압축적 토지이용을 계획해야 한다. 특히 지방 중소도시에서 이는 생존을 위한 필수 전략이 되어야 한다. 압축적 도시계획이 성공하기 위해서 함께 병행해나가야 할 정책도 있다. 바로 도시 외곽의 공동주택 건설을 억제하는 것이다. 정부나 지자체 할 것 없이 적극 나섰던 도시 외곽의 택지개발, 특히 공동주택 개발은 인구를 빠르게 외곽으로 퍼져나가게 만들어 도시의 원도심을 쇠퇴시켰다. 이제 와서 정부는 원도심을 재생하는 데 천문학적 액수의 돈을 쏟아붓겠다고 공언하고 있다. 이 돈은 어디서 나오나? 바로 국민 모두의 세금이다.

원도심의 쇠퇴를 유발한 '원인제공자'는 물론 개발업자들이다. 하지만 쇠퇴의 비용은 우리 국민 모두가 분담하고 있다. 비용 부담자와 그 수혜자가 불일치하는 상황인 것이다. 경제학에서는 '제3자에게 의도하지 않은 이익이나 손해를 주는 것'을 '외부성externalities'이라 정의한다. 자신도 모르게 이익을 주게 되면 외부경제, 반대로 손해를 끼치게 되면 외부불경제가 발생했다고 한다.

외곽에 대규모 공동주택을 지은 건설업체의 경우는 '외부불경제'를 발생시켰다고 볼 수 있다. 최근의 한 연구[34]에서는 1980년부터 인구주택센서스에 나타난 거주지를 추적한 결과, 인구의 중심점이 대규모 택지개발사업과 공동주택 건설이 집중된 지역으로 이동했다고 밝히고 있다. 물론 건설업자들이 이를 의도하지는 않았다. 하지만 이들의 행위가 원도심 쇠퇴에 직간접적인 영향을 미친 건 분명하다. 외부불경제가 발생할 경우 사적 비용private costs과 사회적 비용social costs의 불일치가 일어난다. 건설업자는 공사비와 토지매입비 등만을 비용으로 간주한다. 이건 사적 비용이다. 하지만 사회 전체적 관점에서 보면, 외곽개발로 인한 원도심의 쇠퇴라는 외부불경제 효과도 고려해야 한다. 이로 인한 사회적 비용에는 건설업자의 사적 비용에 더해 원도심 재생 비용도 포함된다. 그러니 사회적 비용이 사적 비용보다 더 커지고, 이 경우 시장실패market failure가 발생한다. 쇠퇴의 원인을 제공한 이가 치유의 비용을 대지 않으니 시장이 제대로 작동하지 않는 것이다.

외부불경제로 인한 시장실패를 바로잡는다면 외곽개발은 지금처럼 쉽게 이루어지지 않을 것이다. 방법은 간단하다. 외부불경제를 일으키는 당사자가 자신이 끼친 나쁜 영향에 비용을 지불하게 하는 것이다. 즉 외곽개발로 이익을 보는 이들이 향후 발생할 원도심 쇠퇴의 치유비용을 부담하도록 하는 것이다. 천문학적 액수의 재생비용을 감안한다면 건설업자가 부담해야 하는 개발비용도 큰 폭으로 상승할 것이다. 이러한 비용 상승은 도시 외곽의 주거지 개발을 억제시키는 효과를 갖는다.

예를 들어 도시계획에서 거주유도구역을 설정하고 나서 그 구역 밖에서 벌이는 개발사업에는 '도시재생 부담금'을 물리는 방안을 고려해볼 수도 있다. 환경오염 원인자에게 정화를 위한 부담금을 부과하듯이 말이다. 물론 원도심 쇠퇴의 치유 비용을 계산하기란 쉽지 않을 것이다. 하지만 이 작업은 꼭 해야 한다. 아니면 국민 세금으로 건설업자들의 배만 불리는 일이 계속 반복될 것이다.

미국의 도시들은 유럽과 아시아 도시들에 비해 인구밀도가 매우 낮다. 도시의 외곽이 무분별하게 팽창한 '도시 스프롤urban sprawl' 현상 탓이다. 교외의 단독주택 주민들은 도심 주민들에 비해 더 넓은 공간에 흩어져 산다. 경제가 잘 나갈 때 마구잡이로 건설한 도로는 불황이 찾아오면 골칫거리가 된다. 세수는 감소하지만 여전히 도로를 유지·보수해야 하기 때문이다. 외곽 마을들은 더 많은 소방서·스쿨버스·구급차를 필요로 하고 이로 인해 발생하는 예산은 도심지역과는 비교할 수 없을 만큼 크다.[35] 찰스 몽고메리는 『우리는 도시에서 행복한가Happy City』에서 미국 도시가 거대한 폰지사기(투자자에게 매우 높은 이자 혹은 배당금을 주겠다고 현혹해 투자를 받고서 또 다른 신규 투자자들의 투자금으로 이를 매우는 방식의 다단계 금융사기다. 일정시간이 지나면 더 이상 투자자들을 모집하기 어려운 시점이 오며 후순위 투자자는 막대한 피해를 입게 된다)에 걸려들었다고 지적한다.

외곽개발은 단기적으로 세수의 증가뿐만 아니라 경기를 부양시키는 효과가 있지만 폭탄 돌리기처럼 누군가가 지불해야 할 비용을 지속적으로 증가하게 만든다. 결국 도시의 파산을 촉진시킨다.

이제 지방 중소도시에서는 외곽개발을 억제하고, 도시의 중심으로 온 에너지를 집중시켜야 한다. 주민들이 흩어져 교류가 없는 마을에서는 인구유출이 가속된다. 압축적으로 공간을 재편하지 않으면 '유령도시'로 변하는 건 순식간이다. 도시의 중심은 대중교통의 결절점이 되는 곳이어야 한다. 이 결절점은 도시와 또 다른 도시를 잇는 광역교통망의 중심이면 좋다. 철도역 부근도 결절점으로 성장시켜야 하고, 이 결절점에서 서로 다른 교통수단들이 연결되도록 해야 한다. 철도·택시·버스·승용차·자전거 등의 교통수단들이 서로 유기적으로 이어질 수 있게 만드는 것이 중요하다. 그리고 이러한 대중교통의 결절점에는 고밀도 복합개발이 이루어져야 한다. 특히 인구 10만 명 이하 축소도시는 하나의 핵(도심)을 갖는 것으로 충분하다. 하나의 핵으로 도시가 가진 역량을 모두 끌어모아야 한다. 두 개 혹은 세 개의 핵은 도시기능의 효율성을 급격히 떨어뜨린다.

이를 위해, 먼저 도심으로의 주거기능 재배치를 유도해야 한다. 쇠퇴한 도심의 기능을 살리기 위한 방식으로 대규모 전면철거 방식은 지양하는 것이 바람직하다. 주민들이 재생사업의 주체가 되어 '지역 맞춤형 도시재생'을 해야 한다. 그리고 도심에다 임대주택을 공급해 흩어진 인구를 모아야 한다. 모든 정책이 도심으로 사람을 모으는 데 역점을 두어야 한다. 다음으로, 상업기능도 도심으로 집중시켜야 한다. 물론 주거기능이 집적된 곳에 상업기능이 자연스레 따라붙는 경향이 있다. 교통이 좋은 곳에 지역의 특색을 살린 소규모 상업시설이 들어설 수 있도록 지원하고, 뒤에서 또 논의하겠지만, 대규모 체인점의 입점을 제한할 필요가 있다. 인구 10만 명 이상의 도시에서는 하나의 도심과 1~2개의 부도심이 가능하다. 이 경우는 도심과 부도심을 연결하는 선형線形의 교통시스템을 구축해 노선을 따라 인구가 집중될 수 있도록 해야 한다. 20만 명 이하의 도시에는 환상형環狀形 교통 시스템이 적합하지 않다. 기본적으로 환상형 구조는 도시의 핵이 많을 경우에 적합하다. 중심으로부터 외곽으로 뻗어나간 방사형 도로와 이를 연결하는 긴 순환도로를 생각해보라. 중소도시의 도로 시스템이 이러하다면 오히려 엄청난 예산 낭비를 각오해야 한다.

셋째, 조그만 도시에 맞는 일자리 육성이 필요하다

지방 중소도시에서 인구가 유출되는 가장 큰 이유는 일자리가 없기 때문이다. 그래서 중소도시들은 기업유치에 사활을 걸지만, 큰 기업을 유치한다고 해서 무조건 지방 중소도시의 경제가 살아나진 않는다. 앞서 설명한 '순창의 역설'이 단적인 예다. 고추장 공장에 100배나 투자액이 증가했지만 같은 기간 늘어난 일자리는 고작 10명에 불과했다.

대기업 투자의 현실을 보자. 최근 몇 년간 삼성전자는 반도체기업으로서는 전무후무한 규모의 시설투자를 했다. 2016년에만 무려 13조 원을 쏟아부었다. 하지만 1년 동안 늘어난 반도체 고용인원은 고작 650명이다. SK하이닉스도 반도체 시설투자에 6조 원을 썼다. 이와 관련된 대졸 신입사원 채용은 250명에 불과했다. 이렇게 채용된 사람들 중 지방에서 고용된 비중은 상당히 적다. 이마트나 롯데마트 등의 대형마트도 마찬가지다. 평균 연매출이 700억 원에 달하는 연면적 1만㎡(축구장의 1.5배 크기) 대형마트 1개 출점시 발생하는 지역주민 고용효과는 평균 250여 명에 불과하다.[36] 게다가 저임금 계약직 직원인 경우가 많다. 대기업이 지역에 들어와 공장을 돌리든, 대형마트가 영업을 하든 투자액에 비해 고용효과는 그다지 크지 않단 얘기다. 대부분의 수익은 지역에 다시 배분되지 않고 대도시의 본사로 흘러들어간다. 강준만식 표현으로 "재주는 지방이 부리고 돈은 중앙이 먹는" 상황[37]이 발생하는 것이다.

이제 지방 중소도시의 일자리 전략은 '고용효과'에 집중되어야 한다. 지역 근로자들이 받은 임금이 지역사회에 되뿌려지고, 이게 다시 또 다른 고용효과로 이어질 수 있게 해야 한다. 이러기 위해서는 지역주민을 고용할 가능성이 높은 중소기업들을 유치하거나 키워야 한다. 특히 마을기업을 육성할 필요가 있다. 마을기업이란 "지역주민이 각종 지역자원을 활용한 수익사업을 통해 공동의 지역문제를 해결하고, 소득 및 일자리를 창출하여 지역공동체 이익을 효과적으로 실현하기 위해 설립·운영하는 마을단위의 기업"[38]을 뜻한다. 마을기업에서 지역주민들의 일상과 관련한 다양한 제품들이 만들어지고 유통될 수 있다. 여기에는 지역특산물과 자연자원을 이용해 제품을 만드는 기업에서 숙박·이발소·레스토랑·자전거 수리점·커피숍·간판가게·옷가게·문방구·치킨집·피자집까지

다양한 상업시설이 포함될 수 있다.

　마을기업은 지역민의, 지역민에 의한, 지역민을 위한 기업이다. 벌어들인 돈이 외부로 유출되지 않고 지역 내에 고스란히 남게 된다. 또한 지역주민 고용효과가 매우 높다. 이뿐만이 아니다. 지역의 특색을 살린 특산품을 생산하고 유통함으로써 그 지역만의 정체성을 살리는 역할을 할 수 있다. 마을기업은 지역주민들의 지속적 교류를 통해 공동체의식을 높이는 데도 기여한다. 마을기업의 가능성을 간파한 정부도 이들을 육성하는 데 많은 공을 들이고 있다. 행정자치부에서는 선정된 마을기업에 1년차에 5000만 원을, 이듬해엔 3000만 원을 지원한다. 마을기업을 설립하고 싶은 사람들을 대상으로 교육도 실시하고, 일상적인 경영자문 서비스도 제공한다. 백화점과 온라인 판매처 등과 연계된 판로 지원도 해준다.[39] 그럼에도 불구하고 대다수의 마을기업이 몇 년을 버티지 못하고 망한다. 이유야 다양하지만, 가장 큰 걸림돌은 바로 대기업 체인점의 동네상권 침해다. 빵집·피자집·치킨집부터 옷·신발·간식거리 등등을 모두 대기업이 휩쓸고 있는 한 마을기업이 생존하는 건 불가능에 가깝다.

　마을기업을 육성하기 위해서는 이들이 살아남을 수 있는 환경부터 조성해주어야 한다. 쇠퇴도시에서는 대규모 체인점[40]에 대한 규제를 강화해야 한다. '대도시-중소도시' 간의 빨대효과처럼 '대규모 체인점-소상공인' 간에도 같은 효과가 존재하기 때문이다. 자본력을 앞세운 체인점은 쇠퇴도시의 토종 기업들을 고사시킨다. 동일한 인테리어와 복장, 심지어는 똑같은 미소를 띤 점원이 배치된 천편일률적인 체인점은 도시의 특색마저 없앤다. 카페·음료업부터 제과·제빵·패스트푸드·치킨·분식·외식·주점·호프·판매·유통·레저·오락 등 생활의 전 분야를 체인점이 장악하고 있다. 대도시는 물론 지방 중소도시들의 도심도 마찬가지다. 사람들이 어느 정도 모일 듯한 공간이면 체인점이 먼저 알고 점령해버린다.

그럼 어떻게 체인점을 막을 수 있을까? 서울대 김경민 교수가 한 신문사와의 인터뷰에서 대도시 젠트리피케이션 문제 해결의 대안 중 하나로 제시한 방법이 사용될 수 있을 듯하다.

"면적에 제한을 두면 된다. 대기업 프랜차이즈가 특정 규모 이상(예를 들어, 20평)에서 장사할 수 없도록 하면 이들의 입점을 막을 수 있다. 프랜차이즈 커피전문점은 기본적으로 사용 면적이 크다. 따라서 일정 면적보다 작은 경우, 이들은 입점을 꺼린다. 유럽에서는 이미 그런 제도를 사용하고 있다. 파리의 경우, 지역 특색을 유지하기 위해 일정 지역에서는 프랜차이즈 업체에 대한 면적 규제를 하고 있다. 우리도 그것을 그대로 가져다 쓰면 된다."[41]

실제로 미국에는 도시조례로 체인점의 입점을 금지한 곳도 있다.* 인구 7500명이 거주하는 소도시 오하이Ojai이다. 웬만한 미국 도시들의 중심부가 체인점에 점령된 것을 감안한다면 오하이의 시도는 실로 파격적이다. 오하이의 공무원들은 '체인점이 모든 도시

● 미국 도시들에서 규제하는 체인점은 엄밀히 말해 '포뮬러 비즈니스formula business'를 말한다. '포뮬러'란 상점의 로고, 메뉴, 복장, 판매절차 등이 정형화되어 있는 걸 일컫는다. 체인점이라도 포뮬러 비즈니스가 아닌 경우 규제대상에서 제외될 수도 있다.

들을 뒤덮은 순간 사람들은 잃어버린 과거를 그리워할 것'이라고 판단했다. 이들은 체인점을 금지하는 조례가 시에 재정적 도움도 줄 것이라 믿고 있다. 자그마하고 독특한 상점을 좋아하는 사람들이 오하이를 찾게 될 것이고, 이는 상점의 수익을 높일 것이라는 생각이다.[42]

2007년 12월, 이런 도시조례를 제정할 당시 오하이 상공회의소 CEO인 스콧 아이커Scott Eicher는 이렇게 말했다. "오하이는 스타벅스가 없는 곳으로 사람들에게 알려져 있다. 우리에겐 오하이의 경제를 해치지 않으면서 이런 분위기를 지속적으로 가져가는 게 중요하다."[43] 오하이에는 나름의 독특한 분위기가 있다. 마치 유럽의 한적한 시골에서 느끼는 아기자기한 도시 같은 느낌 말이다. 바쁘게 움직이는 사람보다 하이킹을 하거나 등산복을 입고 천천히 산책하는 사람들이 눈에 많이 띈다. 스마트폰을 만지작거리는 사람도 별로 없다.

오하이처럼 조례에다 체인점에 대한 규제를 두는 경우가 점점 늘어나고 있다. 이 같은 조례가 도시 전체에 적용되는 곳도 있고, 경우에 따라서는 도시의 일부분에 적용된 곳도 있다. 도시 일부에 적용된 경우는 텍사스 주의 프레드릭스버그Fredericksburg와 로드아일랜드 주의 브리스톨Bristol이 대표적이다. 브리스톨의 경우, 2004년 일정 규모(약 232㎡) 이상의 체인점이 시내에 들어서는 걸 막는 조례를 통과시켰다. 프레드릭스버그에서는 도심에 체인점이 들어가기 위해서는 '조건부 허가'를 받아야 한다는 조례를 2008년에 통과시켰다. 체인점이 허가를 받기 위해서는 도심의 역사적 정체성과 사업들의 다양성을 해하지 않으며, 기존의 사업들과 조화를 이룰 수 있음을 증명해야 한다.

체인점에 대한 규제가 도시 전체에 적용된 사례도 있다. 2004년 샌프란시스코는 체인점 입점시 도시 중심지와 관광지 등의 몇몇 곳을 제외하곤 시의 허가를 받아야 한다는 조례를 통과시켰다. 체인점 허가의 기준은 '다른 체인점이 얼마나 집중되어 있는지' '비슷한 서비스를 제공하는 업체들이 많이 있는지' '지역의 특성과 어느 정도 부합하는지' '기존 소매점에 공실이 많은지' 등이다. 2015년부터는 식료품업을 제외하고 약 $1800\,m^2$가 넘는 대규모 체인점의 경우 지역경제에 미치는 영향력에 관한 '경제영향평가economic impact analysis'를 받도록 했다. 이 평가는 체인점으로 인한 고용창출효과, 재정적 영향, 수요공급에 미치는 영향을 고려하도록 되어 있다.

우리나라에도 이런 규제가 아예 없는 건 아니다. 체인점의 입지를 규제하는 법은 없지만, '유통산업발전법'에 의거해서 지자체들이 대형마트(매장면적의 합계가 $3000\,m^2$ 이상인 곳)와 기업형 슈퍼마켓SSM에 대해 영업시간을 제한하거나 의무적인 휴업을 강제할 수 있다. 또한 전통시장 경계로부터 $1km$의 범위 내에서 지자체의 재량으로 '전통상업보존구역'을 지정할 수 있다. 물론 전통상업보존구역에서 대형마트와 기업형 슈퍼마켓의 입점이 아예 불가능한 건 아니다. 지자체가 특별히 허가한 경우, 혹은 대규모 점포가 제출한 상권영향평가서와 지역협력계획서가 적절한 경우는 가능하다.

지자체가 대형마트를 규제하려면 조례를 만들거나 개정해야 한다. 춘천시는 '춘천시 유통기업 상생발전 및 전통상업보존구역 지정 등에 관한 조례'를 통해 전통상업보존구역의 지정에 관한 여러 사항을 규정했다. 이 조례는 대규모 점포의 휴업일수뿐만 아니라 영업시간에 대해서도 규제(매월 이틀은 휴업일. 새벽12시부터 오전 10시까지는 영업 정지)하고 있다. 이러한 규제는 점차 확산추세에 있다. 최근 안산시는 전통시장 네 곳에 대해 직선거리 1km 이내를 전통상업보전구역으로 추가 지정하려 하며,[44] 춘천시에서도 전통시장 8곳에 대해 전통시장구역의 범위를 500m에서 1km로 확대했다.[45]

그러나 대형마트를 제한하는 건 소비자의 권리를 침해한다며 반대하는 목소리도 있다. 이러한 규제가 전통시장의 활성화로 이어지지 않는다며, 전통시장은 회생의 가능성이 없는데 대형마트를 규제하게 되면 소비자의 권리만 침해한다는 것이다. 하지만 이는 하나만 알고 둘은 모르는 말이다. 대형마트에 대한 소비자의 선호는 존중받아야겠지만, 대형마트의 영업활동을 무한히 허용하면 중소상인들은 설 자리를 잃게 된다. 그리고 중소상인들의 몰락은 지역 특유의 개성을 없애버린다. 이것이 어쩌면 우려되는 가장 큰 손실이다. 정형화된 대기업 제품이 온 도시를 덮어버려 지역성이 뿌리째 상실된 공간은 매력을 잃는다. 매력을 잃은 공간은 그만큼 몰락의 가능성도 크다. 중소업체가 대형마트와 유사한 품목으로 경쟁하는 건 애초부터 불가능하다. 지방 중소도시가 살아남기 위해서는 특유의 지역성을 살린 품목들과 그것을 취급하는 중소기업 및 중소상인들이 힘을 얻어야 한다. 그래야 중소도시가 살 수 있기에 대형마트뿐만 아니라 체인점의 영업활동에 대한 규제가 정당성을 갖는 것이다. 물론 이런 규제를 한다고 해서 저절로 중소상인들이 살아나는 건 아니지만, 최소한의 보호막이 되어준다. 다시 한 번 강조하지만 이러한 규제의 가장 큰 목적은 '지역성과 장소성의 유지와 보전'이다.

앞서 살펴보았듯이 미국 도시들도 이런 노력을 하고 있다. 도시 스스로 자신들의 미래를 지키기 위해서다. 미국 도시들은 지역의 역사문화 자산을 지키지 않으면, 그리고 소상인들을 보호하지 못하면, 도시가 지속가능하지 않음을 깨달은 것이다. 우리 중소도시들도 미래를 계획하기 위해서는 대형마트와 체인점에 대한 규제를 적극적으로 고민해야 한다.

지방도시에 희망은 있는가

이 책을 마무리하며, 5년 동안 50조 원을 투입하겠다는 이 정부의 도시재생 뉴딜정책에 대해 조언하고 싶은 게 있다.

첫째, 앞으로의 도시재생은 '아픈 곳을 찾아내 이를 치유하는 방식'에서 벗어나야 한다. 앞으로는 지금보다 더 어려운 지역이 수도 없이 생겨날 것이고, 정부가 이를 다 감당할 수 없기 때문이다. 그래서 지금부터는 '아픈 곳이 생기지 않도록 체질을 바꾸는 방식'으로 재생의 방향을 바꾸어야 한다. 50조 원은 4대강사업의 두 배가 넘는 정말로 큰돈이다. 이 돈을 500곳에 뿌리겠다고 하니 한 곳당 1000억 원인 셈이다. 그러나 이 정도의 돈으로 지방도시의 쇠퇴를 막을 수 있다고 생각한다면 오산이다. 2000억 원, 아니 5000억 원을 들여도 소용없는 곳도 많다. 앞서 보았듯이, 강원도 폐광지역엔 20년 동안 5조 원이 투입되었지만 아직도 쇠퇴중이다. 쇠퇴지역에 긴급자금을 투입하는 건 고열과 두통으로 아파하는 이에게 해

열제와 진통제를 처방하는 응급조처에 불과하다. 이제는 근본적인 처방에 눈을 돌려야 한다. 대증적 처방에서 벗어나 도시의 체질을 바꾸어 스스로가 아픈 곳을 치유할 수 있도록 만들어야 한다.

도시 내 특정지역에 인구가 빠져나가고 장사가 안 된다고 무조건 여기에 돈을 쏟아부으면 안 된다. 특히 인구가 정체돼 있거나 감소하는 도시에선 더더욱 이런 원칙을 지켜야 한다. 그런 상황에서는 한 지역이 재생되면 또 다른 지역은 쇠퇴하게 될 가능성이 크다. 마치 두더지 잡기 게임처럼 말이다. 이제 지방 중소도시는 쇠퇴의 충격을 최소화하기 위해 체질을 바꿔야 한다. 거점지역을 정해 인구와 산업을 집중시켜 집적의 이익을 누리는 방향으로 가야 한다. 이게 진정으로 중소도시를 살리는 방법이고, 주민들 삶의 질을 높이는 길이다. 도시재생 뉴딜사업의 50조 원은 중소도시의 구조를 압축적으로 빽빽하게 바꾸는 데 쓰여야 한다. 쓰러져가는 마을을 살리기보다 대중교통의 결절점을 북적이게 만드는 데 온 에너지를 쏟아야 한다. 도시의 체계를 선형으로 개편하고, 교통 결절점을 중심으로 인구와 산업이 모이도록 주거·상업·교통 정책을 펴나가야 한다. 도시가 스스로 경쟁력을 가지게끔 체질을 바꾸어주는 것, 이것이 도시 쇠퇴에 대처하는 근본적 처방이다. 그렇게 하지 못한다면 앞으로 투입될 50조 원은 원하는 결과를 얻지 못한 채 허탈하게 사라져버릴 것이다.

둘째, 쇠퇴한 모든 곳을 재생하겠다는 강박증을 버려야 한다. 대도시에서의 구도심 재생사업은 젠트리피케이션이라는 또 다른 사회적 문제를 발생시켜왔다. 그곳에 사는 주인과 상인들은 쫓겨나고 '있는 자'들을 위한 잔치로 끝나게 되는 것이다. 무엇을 위한 쇠퇴지역 재생인지 알 수 없게 된다. 김현미 국토부장관은 도시재생사업기획단 현판식에서 "도시를 되살리는 목표도 중요하지만 주민 삶의 문제를 최우선적으로 고민하는 '따뜻한 재생'은 더욱 중요하다"면서 "특히 사업 과정에서 영세상인과 저소득 임차인들이 삶의 터전에서 내몰리지 않도록 세심한 주의를 기울여 달라"고 말했다.[1] 여기서 '따뜻한 재생'은 젠트리피케이션으로 쫓겨나는 상인들에 대한 정책적 배려가 있어야 한다는 뜻이다. 이런 '따뜻한 재생'이 도시의 체질을 바꾸는 뚜렷한 목적, 즉 흩어진 인구를 한 곳으로 모으려는 목적으로 하는 것이라면 젠트리피케이션 문제도 감당할 이유가 있다. 하지만 대도시에서는 상대적으로 노후된 곳이라고 무조건 재생사업을 벌이다간 젠트리피케이션 문제만 발생시킬 가능성이 크다. 이는 과거 진행되어왔던 재개발 중심의 '가난한 지역 새 단장하기'와 크게 다를 바가 없다. 정부는 도시재생 뉴딜사업으로 인해 원주민과 토박이 상인이 밀려나는 것을 방지하기 위해 '전월세상한제'와 '계약갱신청구권' 제도라는 카드도 만지작거리고 있다. 하지만 이런 사회적 문제를 발생시키면서까지 대도시에서 재생사업을 할 가치가 있을까? 또 정부가 생각하는 제도로 원주민을 보호할 수 있을까?

한 가지 더 강조하자면, 정부가 우려하는 젠트리피케이션 문제는 주로 '대도시 일부 지역'의 문제다. 지방 중소도시는 웬만해선 이런 현상이 발생하지 않는다. 물론 최근에 임대료가 100배나 오른 경주시 황리단길처럼 재생사업으로 인해 토박이 상인이 쫓겨나는 경우도 있지만, 사람이 붐비는 관광지에서나 벌어지는 매우 예외적인 현상이다. 대도시 외곽개발이 계속 진행되는 한 특정지역이 쇠퇴하는 문제는 불가피하다. 그렇다면 대도시의 경우는 '도심재생'에 초점을 맞추기보다, '외곽개발을 자제'하는 데 주력해야 한다. 대도시권화가 더욱 진행되는 상황, 즉 도시의 인구가 증가하는 상황에서 외곽개발을 자제하면 쇠퇴한 원도심은 자연스럽게 되살아날 것이다.

정부의 역할은 이렇게 자연스레 되살아날 원도심에서의 젠트리피케이션 문제에 관심을 기울이는 것이다. 또한 원도심이 밀도 있고 체계적으로 개발될 수 있도록 추임새를 넣는 것만으로도 충분하다. 대중교통 접근성이 높은 원도심이라면, 이를 중심으로 인구유입 인센티브 정책을 펴기만 해도 된다. 이렇게 '도시의 체질을 바꾸는' 자연스러운 방식으로 대도시 원도심 쇠퇴문제를 해결해야한다.

셋째, 정부는 지방 중소도시에 더 큰 관심을 가져야 한다. 재생은 '죽게 된 걸 다시 살리는 것'이다. 정작 말라 죽어가는 곳은 지방 중소도시들인데 정부는 대도시·중소도시 가릴 것 없이 쇠퇴의 기미가 보이는 모든 곳에 관심을 기울이고 있다. 대도시는 쇠퇴현상을 스스로 해결할 역량을 갖추고 있지만, 지방 중소도시들은 그럴 능력이 되지 않는다. 게다가 지방 중소도시의 공공서비스 비용 상승이 국가적 문제로 부각될 것이다.

그렇지만 중앙정부의 역할이 시혜적 차원의 것이 돼서는 안 된다. 쇠퇴하는 마을은 수백, 아니 수천 곳에 달하며 재생사업을 벌인다고 해도 살아날 가능성이 없는 곳도 부지기수다. 지방 중소도시들 또한 스스로 체질 개선을 통해 도시를 살려야 한다. 추가적인 외곽개발을 강력하게 금지하고 재생의 가능성이 있는 곳을 찾아 흩어져 있는 인구를 모아야 한다. 빽빽해져야 스스로 치유할 힘도 생긴다. 그리고 밀도가 높아진 곳에 해당 중소도시만의 특색을 가꿔 나가야 한다. 체인점으로 점령된 대도시 번화가를 흉내 내는 건 도시의 수명을 단축하는 자살행위와 같다. '다윗 도시'가 '골리앗 도시'를 베끼는 과정에서 이미 비교우위를 상실하기 때문이다. 다윗이 골리앗에게 용감하게 맞설 수 있었던 이유는 '매끄러운 돌 다섯 개와 무릿매'가 있었기 때문이라는 걸 기억해야 한다. 힘으로 이길 수 없는 상대를 다윗은 무릿매를 이용한 돌팔매질로 제압했다. 조그만 도시들이 살아남을 수 있는 방법도 마찬가지다. 지방 중소도시는 대도시가 가질 수 없는 비장의 무기를 갖추어야 한다.

다시 한 번 강조한다. 도시를 빽빽한 체질로 전환하는 것, 그리고 대도시와 차별화된 '지역만의 특색'을 무기로 개발하는 것, 이것이 바로 지방 중소도시 재생의 핵심정책이 되어야 한다.

주 註

머리말 · 들어가며

1) 이재우 외, 2014, 「도시재생특별법의 시행방향과 과제」, 『도시정보』, No. 382, pp. 3~20.
2) 성경륭, 「수도권으로의 '파멸적 집중'」, 『경향신문』, 2014년 6월 23일.

1장

1) 임정환, 「지금처럼 낳다간 2750년 인구 '0'… 한국 소멸」, 『문화일보』, 2015년 2월 6일.
2) 김명환, 「베이비 붐 시대… '助産대학'도 등장, 58년 개띠해 산부인과 광고가 290회」, 『조선일보』, 2014년 1월 1일.
3) 이윤수, 「고자 아파트, 내시 아파트 정관수술 전성시대 넘다: 대한민국 산아정책 '흑역사'」, 『신동아』, 2016년 3월호.
4) '국토계획법' 상의 용도지역은 크게 도시지역, 관리지역, 농림지역, 자연환경보전지역의 네 가지로 구분된다.
5) '재래시장 및 상점가 육성을 위한 특별법'이 2010년 7월 1일 '전통시장 및 상점가 육성을 위한 특별법'으로 개정되며, 기존의 재래시장이란 명칭이 전통시장으로 바뀌었다.
6) 심지우, 「전 세계 '인구 쟁탈전'」, 『조선일보』, 2016년 10월 17일.
7) 윤성민, 「2016, 젊은 여성 급감…지자체 80개 소멸 위기」, 『국민일보』, 2016년 03월 17일
8) Review & Outlook, 「After Detroit, Who's Next?」, 『The Wall Street Journal』, 22 July 2013.
9) 손병호, 「디트로이트, 미국내 살인 · 폭력범죄 발생 1위 도시 불명예」, 『국민일보』, 2014년 11월 13일.
10) 오영환, 「1년에 260억원씩 빚 갚는다…유바리시의 '미션 임파서블'」, 『중앙일보』, 2017년 3월 6일.
11) 조용철, 「행복도 톱 10 중 5곳 농어촌…대도시라고 꼭 행복하진 않더라」, 『중앙일보』, 2014년 1월 26일.
12) 권오규, 2017, 『도시쇠퇴가 주민의 삶의 만족감에 미치는 영향에 관한 연구』, 중앙대학교 도시계획부동산학과 박사학위논문.

13) 강경민, 「'파격' 출산장려금의 함정…해남, 곳간 비고 인구 되레 줄었다」, 『한국경제』, 2016년 9월 22일.

14) 윤지로, 「사라지는 아이들…출산율 1위 '해남의 역설'」, 『세계일보』, 2017년 2월 2일.

15) 강경민, 「출산율 전국 1위 해남군의 '씁쓸한 두 얼굴'」, 『한국경제』, 2016년 9월 22일.

2장

1) 장철순 · 이윤석, 2015, 「산업도시의 진단 및 경쟁력 강화방안」, 『국토정책 Brief』, No. 506.

2) 조철 외, 2016, 『중국의 산업구조 고도화가 한국 주력산업에 미치는 영향과 대응전략』, 산업연구원, p. 120

3) Markusen, A. and Carlson, V., 1989, 『Deindustrialization in the American Midwest: causes and responses』, pp. 49~50.

4) 백도인, 「남원쇠퇴 '도로망발달' 때문」, 『전북일보』, 2004년 12월 27일.

5) 김재홍 외, 「도로 · 철도 개통 따른 '빨대 효과' 어느 정도인가」, 『연합뉴스』, 2014년 2월 6일.

6) 정동원 외, 「"빨대효과 막아라" 지자체들, 지역상권 지키기 '비상'」, 『국민일보』, 2011년 1월 16일.

3장

1) 정세라, 「부자만 오세요…공공성 발로 찬 씨티은행」, 『한겨레』, 2017년 4월 25일.

2) 김도균, 「'죽음의 9시간'…숨지는 산모 · 사라지는 산부인과」, 『SBS NEWS』, 2015년 3월 21일.

3) 윤나라, 「지방 산부인과가 사라진다…산모 사망률 심각」, 『SBS NEWS』, 2015년 3월 19일.

4) 김윤하, 2016, 「분만취약지역 대책의 재평가」, 『대한의사협회지』, Vol.59, No.6, pp. 414~416.

5) 임보연 · 박병기 · 홍인철 · 전승현 · 이승형 · 한종구, 「"산부인과 갔다오면 하루 다 갑니다"…농어촌에 병원 거의 없다」, 『연합뉴스』, 2016년 5월 19일.

6) 김민영 · 황진영, 「주택가격과 출산의 시기와 수준」, 『보건사회연구』, Vol. 36, No. 1, pp. 118~142.

7) 여성가족부, 2010, 『2010년 제2차 가족실태조사』.

8) 심규석, 「전국 228개 지자체 중 86곳 '초고령'…65세이상 20% 넘어」, 『연합뉴스』, 2016년 9월 9일.

9) 최창민, 「전남 고흥 마을 169곳…고독한 노인들만 남아」, 『노컷뉴스』, 2015년 11월 19일.

10) 강정수 · 박상현, 「100년 만에 다시 찾아온 교통혁명」, 『슬로우뉴스』, 2016년 6월 16일.

11) 한국고용정보원, 「2025년 직업종사자 61.3% 인공지능 · 로봇으로 대체 위험 높아」, 보도자료, 2017년 1월 3일.

12) 박지훈, 「AI 시대 사라질 직업 탄생할 직업」, 『매일경제』, 2016년 5월 2일.

13) 이원재, 2012, 『이상한 나라의 경제학』, 어크로스.

14) 김광호, 「경기지역 최근 3년 도로 포트홀 9만 9천여건 발생」, 『연합뉴스』, 2016년 10월 10일.

15) 로버트 프랭크, 이한 옮김, 2011, 『사치 열병』, 미지북스, p. 114. 문맥에 맞춰 일부 수정.

16) 30년 이상 노후 기반시설물에 대한 통계는 '이영환, 2016, 노후 인프라의 실태분석과 지속가능한 성능개선 정책방향, 안전하고 스마트한 도시구축을 위한 노후 인프라 성능개선 방안 세미나(2016. 09.20)'을 참고하시오.

17) 해리 덴트, 권성희 옮김, 2015, 『2018 인구절벽이 온다』, 청림출판.

18) 황상현 · 유진성 · 허원제 · 김영신, 2013, 『개인 세부담 평가 · 분석 모형』, 한국경제연구원.

19) 박윤수, 「기초연금 2060년 228조…재정 부담은 논의도 안해」, 『매일경제』, 2014년 11월 6일.

20) 국가주요지표 홈페이지(http://www.index.go.kr/)를 참고하시오.

21) 1982년 『The Atlantic Monthly』에 실린 글의 원제목은 「Broken Windows」이다.

22) 이 세금은 도에서 걷는 '도세'와 '시.군에서 걷는 '시군세'로 구성되어 있다.

23) 지방재정365 홈페이지(http://lofin.moi.go.kr/portal/main.do)를 참고하시오.

24) 지방재정365 홈페이지(http://lofin.moi.go.kr/portal/main.do)를 참고하시오.

4장

1) 양준호, 「버밍엄의 '창조도시론'과 '지속가능한 발전'」, 『인천in』, 2010년 9월 26일.

2) 조귀동, 「도시 전체에 자전거도로 만드니 스포츠기업 몰려와…"지역정책이 산업정책의 핵심 돼야"」, 『조선일보』, 2017년 5월 14일.

3) 산업입지정보센터 홈페이지(http://www.industryland.or.kr/)를 참조하시오.

4) 「산업입지 및 개발에 관한 법률」 제2조 제8항을 참조하시오.

5) 산업단지 지정 추이는 한국산업단지공단 e-cluster 홈페이지(https://www.e-cluster.net)를 참조하시오.

6) 김천수, 「산업단지가 표밭단지…너도나도 추진 공약」, 『충청리뷰』, 2010년 5월 28일.

7) 안영건, 「산단지정 요건 완화 '미분양 산단' 증가」, 『산업일보』, 2015년 9월 23일.

8) 정원석, 「기업이 외면하는 '슬럼' 산업단지, 6년간 200곳 늘어났지만 미분양면적 2.5배 확대」, 『조선일보』, 2016년 10월 14일.

9) 안인구, 「국가산업단지 분양 부진: 석문국가산업단지 등 분양률 50% 미만 38곳」, 『한국일보』, 2015년 1월 18일.

10) 이영민, 「텅텅 빈 국가산업단지, 관리 부담은 고스란히 지자체가」, 『오마이뉴스』, 2017년 1월 26일.

11) 곽성일, 「포항 블루밸리 국가산단 공장용지 분양 0%」, 『경북일보』, 2017년 2월 16일.

12) 박순기, 「구미국가5산단 산업용지 안 팔려…쪼개팔기·업종확대」, 『연합뉴스』, 2017년 3월 28일.

13) 우성덕, 「너도나도 "짓고 보자"…애물단지 된 지방산단」, 『매일경제』, 2015년 12월 9일.

14) 유용철, 「지난 3년2개월 동안 목포시 대양산단에 무슨 일이」, 2016년 5월 4일.

15) 박상수, 「목포 대양산업단지 준공…문제는 분양」, 『중앙일보』, 2016년 5월 3일.

16) 산업입지정보센터 홈페이지(http://www.industryland.or.kr/)를 참고하시오.

17) 박상수, 「목포시, 서울서 대규모 투자환경설명회」, 『중앙일보』, 2015년 4월 24일.

18) 정민택, 「영동군, 저조한 분양 황간물류단지… '홍보 총력'」, 『뉴스1』, 2015년 2월 24일.

19) 지방재정365 홈페이지(http://lofin.moi.go.kr/portal/main.do)를 참고하시오.

20) 산업입지정보센터 홈페이지(http://www.industryland.or.kr/)를 참고하시오.

21) 산업입지정보센터 홈페이지(http://www.industryland.or.kr/)를 참고하시오.

22) 「산업직적활성화 및 공장설립에 관한 법률 시행령」(약칭 '산업집적법') 제40조 제1항을 참고하시오.

23) 「산업직적활성화 및 공장설립에 관한 법률」 제39조 제1항 제1호를 참고하시오.

24) 유길용·최재필, 「'외화내빈' 산업단지, 지방경제 발목을 잡다」, 『중앙시사매거진』, 210408호.

25) 강형기, 2001, 『향부론: 문화로 일구는 지방경영』, 비봉출판사, pp. 35~36의 글을 참고하시오(강준만, 2015, 『지방식민지 독립선언』, 개마고원 p. 221에서 재인용)

26) 이경욱, 「'조선 불황' 거제 관광에 승부 걸었다…마케팅 확대」, 『연합뉴스』, 2017년 1월 31일.

27) 이정수, 「화천 산천어축제 유일한 흑자 축제」, 『아시아씨이뉴스』, 2016년 5월 4일.

28) CNN 여행 홈페이지(http://edition.cnn.com/travel/)를 참고하시오.

29) 김영미·김성섭·송영석, 2007, 「생태관광축제로서 함평나비축제의 상품개발 과정, 성공용인 및 평가」, 『관광연구저널』, 제21권, 제3호, pp. 459~484.

30) 전승현, 「함평나비축제 '대한민국 축제콘텐츠 경제부문 대상' 받아」, 『연합뉴스』, 2017년 2월 10일.

31) 이지훈, 「'제주산 나비'가 함평을 바꾸었다고?」, 『제주의 소리』, 2007년 5월 1일.

32) 김상호, 2004, 「함평나비축제의 지역경제 파급효과」, 『한국지역개발학회지』, 제16권, 제3호, pp. 101~116.

33) 통계청 국가통계포털 홈페이지(http://kosis.kr/index/index.jsp)를 참조하시오.

34) 금융감독원 전자공시시스템(DART) 홈페이지(https://dart.fss.or.kr/)를 참조하시오.

35) 강원랜드, 2015, 『2015 강원랜드 지속가능경영 보고서』.

36) 박현철, 「[강원랜드. 폐광지 희망을 말한다] 〈1〉 설립 명과 암」, 『강원도민일보』, 2015년 6월 25일.

37) 류일형, 「"강원랜드 세금 71%가 중앙정부로…폐광지역 지원 취지 무색"」, 『연합뉴스』, 2016년 9월 18일.

38) 류일형·배연호, 「강원도 폐광 20년…"관광산업 실패하고 카지노만 번성"」, 『연합뉴스』, 2016년 3월 23일.

39) 류일형, 「정선군 자살률, 태백시의 6배…강원랜드 카지노 영향 가능성」, 『연합뉴스』, 2016년 5월 9일.

40) 배연호, 「강원랜드·폐광지역 2025년 이후 생존 고민할 시점」, 『연합뉴스』, 2016년 10월 27일.

41) 고은지, 「해마다 수익 경신 강원랜드…도박중독자도 같이 양산」, 『연합뉴스』, 2016년 10월 4일.

42) 박현철, 「[강원랜드. 폐광지 희망을 말한다] 〈1〉 설립 명과 암」, 『강원도민일보』, 2015년 6월 25일.

43) 배연호, 「"자살 생각해 봤다"…강원랜드 카지노 노숙자 절반」, 『연합뉴스』, 2017년 4월 18일.

44) 박현철, 「[강원랜드. 폐광지 희망을 말한다] 〈1〉 설립 명과 암」, 『강원도민일보』, 2015년 6월 25일.

45) 배연호, 「강원랜드 슬롯머신 제작 나서…2031년 5천억 매출 목표」, 『연합뉴스』, 2017년 6월 27일.

46) 정상명, 「강원랜드, 높아지는 카지노 의존도…반쪽짜리 복합리조트 '전략'」, 『이뉴스투데이』, 2017년 1월 10일.

47) 김태일·좋은예산센터, 2014, 『재정은 어떻게 내 삶을 바꾸는가』, 코난북스, pp. 38~39.

48) 양영석, 「행정구역별 분할 지방상수도 전국에 162개…"비효율 심각"」, 『연합뉴

스』, 2015년 10월 15일.

49) 교육통계서비스 홈페이지(https://kess.kedi.re.kr/)에서 제공하는 정보를 이용해 계산했다.

50) 학교알리미 홈페이지(http://www.schoolinfo.go.kr/)를 참조하시오.

51) 진중언, 「인구 급감 '축소 도시' 공공시설 97%가 적자」, 『조선일보』, 2017년 7월 24일.

52) 지자체별 공공시설 운영현황은 지방재정365 홈페이지(http://lofin.moi.go.kr/portal/main.do)에서 확인할 수 있다.

53) 임인택, 「건립비 1억인데, 하루 1명도 안쓰는 공공시설 43%」, 『한겨레』, 2015년 9월 24일.

54) 송승욱, 「개관 2주년 맞이한 익산 예술의 전당」, 『소통신문』, 2017년 5월 1일.

55) 이명희, 「[문재인 정부 100대 국정과제-자치분권 실현] 국세 · 지방세 비율 '6대 4' 수준까지 개선」, 『경향신문』, 2017년 7월 19일.

56) 권혁철, 「연북정의 연모를 끝내자」, 『한겨레』, 2017년 4월 2일.

5장

1) 채민기 · 정상혁 · 정유진, 「다시 태어나는 도시」, 『조선일보』, 2017년 5월 10일.

2) 최윤정, 「〈도시재생〉 '핫 플레이스' 해방촌, 개성 살리고 활력 넘치게」, 『연합뉴스』, 2016년 11월 29일.

3) 이승현, 「해방촌 신흥시장 상가임대료 6년간 동결 합의」, 『이데일리』, 2016년 11월 8일.

4) 김유나, 「용산 '해방촌 재생사업' 지역상생 우수상」, 『세계일보』, 2017년 5월 8일.

5) 박연직, 「폐광지역 살리려 대학 운영하는 태백」, 『세계일보』, 2015년 3월 4일.

6) 도시공간재창조센터, 2016, 『장소중심 마을재생의 열 가지 키워드: 사례로 보는 마을재생 시리즈1』, 건축도시공간연구소.

7) 김우열, 「상권 활성화 · 편의시설 확충… 옛 탄광촌 새 옷 입는다」, 『강원도민일보』, 2016년 8월 30일.

8) 학교알리미 홈페이지(http://www.schoolinfo.go.kr/)를 참조하시오.

9) 원낙연, 「젠트리피케이션 방지 서울시가 팔 걷었다」, 『한겨레』, 2015년 11월 23일.

10) 김남중, 「핫플레이스의 그늘, 젠트리」, 『국민일보』, 2017년 8월 31일.

11) 이경우, 「대한민국 산업화의 대들보…탄광촌 '검은 흔적' 싣고 철로자전거 달린다. 문경 가은역 · 불정역」, 『문경뉴스센터』, 2017년 1월 11일.

12) 2013년부터 2015년까지 3년간 국비 21억, 시비 36억이 소요되었다.

13) 강성대, 「지원 끝난 용현시장 내의 '청년 몰'은 어떻게…」, 『인하프레스』, 2017년 2월 15일.

14) 장아름 외, 「"이제 시작인데, 나가라니요…" 전통시장 창업청년들 꿈과 고민」,

『연합뉴스』, 2016년 7월 10일.

15) 김재후, 「12년간 3조5000억원 쏟아부었지만…전통시장 매출은 오히려 '반토막'」, 『한국경제』, 2014년 9월 5일.

16) 장지현, 「이마트, 줄어드는 '점포당 매출' 대책은?」, 『더벨』, 2016년 1월 28일.

17) 강신우, 「롯데그룹, 유통업계 '일자리 창출' 선도」, 『이데일리』, 2017년 5월 31일.

18) 이는 2015년 전통시장 전체 연매출 추정규모인 21.1조 원을 전체 종사자수 35만 6176명으로 나눈 값으로 계산되었다. 이에 대해서는 '소상공인시장진흥공단, 2016, 『2015년 전통시장·상점가 및 점포경영 실태조사 결과보고서』'를 참조하시오.

19) 조규호, 「대형마트 및 SSM의 지역경제 기여도 분석: 청주지역 사례를 중심으로」, 『유통경영학회지』, 제17권, 제3호, pp. 99~114.

20) 지역발전위원회, 「달동네·쪽방촌 등 주거환경 개선 및 마을공동체 복원을 위해 2017년도 51개 새뜰마을사업 신규선정」, 보도자료, 2017년 3월 15일.

21) 박정엽, 「500개 도시재생사업에 50조 투입해 과수요 논란…"템포 늦춰라" 주문 쏟아져」, 『조선일보』, 2017년 4월 12일.

22) 정희완, 「문재인 "매년 10조 투입해 도시재생 뉴딜 추진"」, 『경향신문』, 2017년 4월 9일.

6장

1) 이는 일본의 국립 사회보장·인구문제 연구소가 발표한 『일본의 장래 추계인구』 (2012년 1월)의 중위 추계를 바탕으로 한 연구결과이다.(마스다 히로야, 김정환 옮김, 2014, 『지방소멸』, 와이즈베리, p. 8.)

2) 허환주, 「서울 뜨는 동네, 곧 어려운 상황 온다」, 『프레시안』, 2016년 10월 24일.

3) 박민, 「문재인표 '도시재생 뉴딜정책', 숫자의 함정 경계해야」, 『데일리안』, 2017년 5월 22일.

4) 박진국·김한수, 「원도심 도시재생에 '기획' 들어간 투기세력」, 『부산일보』, 2017년 7월 10일.

5) 남승표, 「낡은 집값이 더 올랐다…50조 '도시재생 뉴딜' 자극했나」, 『연합인포맥스』, 2017년 6월 1일.

6) Newman, P. W. G. and Kenworthy, 1991, 「Transport and Urban Form in Thirty Two of the World's Principle Cities」, 『Transport Reviews』, Vol. 1, No. 3, pp. 249~272.

7) 심재승, 2016, 「인구감소시대에서의 지속가능한 도시발전에 대한 소고: 콤팩트시티는 새로운 대안인가」, 『한국지적정보학회지』, 제18권, 제1호, pp. 157~170.

8) 주일한국대사관, 2015, 『일본의 Compact City 정책 동향 보고』.

9) 모종린, 「생존을 위해 자동차를 포기한 일본 소도시」, 『브런치』, 2017년 5월 3일.

10) 모종린,「생존을 위해 자동차를 포기한 일본 소도시」,『브런치』, 2017년 5월 3일.

11) 문민주,「전북 20가구 미만 마을 '전국 최다'」,『전북일보』, 2017년 3월 24일.

12) 박준철,「인천 옥상에 버린 '쓰레기 양심자'는 옆 오피스텔 입주 젊은 남성들」,『경향신문』, 2017년 7월 12일.

13) 피용익,「사람 살지 않는 '빈집' 전국 106만 개」,『이데일리』, 2016년 9월 16일.

14) 박인숙,「빈집 현황과 정비를 위한 정책과제」,『지표로 보는 이슈』, 제95호, 국회입법조사처.

15) 김성민,「일본, '빈집 뱅크' 만들어 빈집 주인·임대 희망자 연결」,『조선일보』, 2017년 1월 3일.

16) 시정민,「균형발전보다 효율적인 일본의 '콤팩트시티' 개발전략」,『조선pub』, 2017년 1월 18일.

17) 후지요시 마사하루, 김범수 옮김, 2015,『이토록 멋진 마을』, 황소자리.

18) Bruno, R. 1999,『Steelworker Alley: How Class Works in Youngstown』. Ithaca, NY: Cornell University Press.

19) 이윤석, 2015,「미국 산업도시의 경험과 교훈」,『국토』, No. 402, pp. 40~48.

20) 박윤미, 2017,「스마트 디클라인: 작은 것도 아름다울 수 있다」,『국토』, No. 423, pp. 53~60.

21) 황은순,「파산도시 유바리의 기적」,『주간조선』, 2380호, 2015년 11월 2일.

22) 길윤형,「'파산' 유바리시가 살아남은 비결은」,『한겨레』, 2014년 9월 24일.

23) 황은순,「파산도시 유바리의 기적」,『주간조선』, 2380호, 2015년 11월 2일.

24) 김제시 홈페이지(http://www.gimje.go.kr/)를 참조하시오.

25) 최준탁,「진천군, 2030년까지 인구 15만 달성 목표」,『충청신문』, 2017년 5월 17일.

26) 최희석,「인구 줄어드는데 인프라에만 돈 펑펑」,『매일경제』, 2017년 4월 19일.

27) 구형수·김태환·이승욱, 2017,「지방 인구절벽 시대의 '축소도시' 문제, 도시다이어트로 극복하자」,『국토정책 Brief』, No. 616.

28) 마강래, 2015,『부동산공법의 이해』, 홍문사, pp. 60~64.

29) 박윤미, 2017,「스마트 디클라인: 작은 것도 아름다울 수 있다」,『국토』, No. 423, pp. 53~60.

30) 네이버 사전(http://krdic.naver.com/)을 참조하시오.

31) 차미숙, 2016,「인구감소시대, 일본의 지방창생전략과 지역공간구조 재편방안」,『국토정책 Brief』, No. 555.

32) 일본 국토교통성 컴팩트시티 발표자료에서 사용되었던 그림이다.

33) 임정민, 2017,「'콤팩트시티 + 네트워크'의 마을만들기, 일본의 입지적정화계획」,『도시정보』, No. 424

34) 박정은 외, 2016,「인구감소 중소도시 도심 활성화 방안」,『국토정책 Brief』, No. 554.

35) 찰스 몽고메리, 윤태경 옮김, 2014, 『우리는 도시에서 행복한가』, 미디어윌.

36) 방현철·이성훈, 「수출 잘되는데도 일자리 안 늘어나는 3가지 이유」, 『조선일보』, 2017년 4월 25일.

37) 강준만, 2015, 『지방식민지 독립선언』, 개마고원, p. 46.

38) 행정자치부, 2017, 『2017년 마을기업 육성사업 시행지침』.

39) 행정자치부, 2017, 『2017년 마을기업 육성사업 시행지침』.

40) 「유통산업발전법」 제2조 제6항에서는 체인사업을 직영점형 체인사업, 프랜차이즈형 체인사업, 임의가맹점형 체인사업, 조합형 체인사업의 네 가지로 구분하고 있다.

41) 허환주, 「서울 뜨는 동네, 곧 어려운 상황 온다」, 『프레시안』, 2016년 10월 24일.

42) Kevin Clerici, 「Ojai adopts ordinance regulating chain stores」, 『STAR』, 16 Nov 2007.

43) 최승표, 「스타벅스·맥도날드는 절대 못 들어가는 미국 이 도시!」, 『중앙일보』, 2017년 5월 25일.

44) 송훈희, 2017, 「안산시, '전통시장 직선거리 1㎞'까지 전통상업보존구역 지정키로」, 『매일일보』, 2017년 7월 25일.

45) 이무헌, 2017, 「전통시장에 대형마트 진입 막는다」, 『강원일보』, 2017년 7월 29일.

나가며

1) 원다연, 「김현미 국토장관 "도시재생 뉴딜사업은 시대적 과제"」, 『이데일리』, 2017년 7월 4일.

찾아보기